CONTES
A MON PETIT-FILS,

PAR PIGAULT-LEBRUN.

ORNÉ DE DEUX FIGURES.

TOME PREMIER.

PARIS,
G.-E. BARBA FILS, ÉDITEUR,
PROPRIÉTAIRE DES OEUVRES DE PIGAULT-LEBRUN ET DE PAUL DE KOCK,
RUE DE SEINE, N° 33, F. B. S.-G.
1831.

CONTES

A MON PETIT-FILS.

TOME I.

PARIS, IMPRIMERIE DE COSSON,
Rue Saint-Germain-des-Prés, n° 9.

IL S'AVANCE SUR LA POINTE DES PIEDS, IL RETIENT SON HALEINE.

CONTES

A MON PETIT-FILS,

PAR PIGAULT-LEBRUN.

TOME PREMIER.

PARIS,
G.-E. BARBA FILS, ÉDITEUR,
PROPRIÉTAIRE DES OEUVRES DE PIGAULT-LEBRUN ET DE PAUL DE KOCK,
RUE DE SEINE, N° 33, F. B. S.-G.
1831.

A MON PETIT-FILS,

Emile Augier.

Mon cher Émile,

C'est pour toi que j'ai fait ces contes ; c'est à toi que je les dédie. Puissent-ils t'amuser, t'intéresser ; puissent-ils surtout te donner des idées positives de la morale, sans laquelle la société ne peut exister, et t'inspirer le goût des hautes sciences, qui honorent l'homme qui les cultive.

Pigault-Lebrun.

PRÉFACE.

Dès qu'un enfant balbutie, on se plaît à défigurer, comme lui, des mots qu'il ne peut articuler encore. On semble craindre qu'il s'exprime correctement. On oublie que cet enfant doit être un homme, et on se fait une étude irréfléchie de prolonger sa première enfance.

Sait-il lire? on lui cherche soigneusement des livres qui présentent le moins d'idées possible. Ce sont les seuls ouvrages, dit-on, qui soient à sa portée. Qu'a-t-il appris, quand il les a lus? Rien.

Des écrivains de mérite, amis de l'enfance, ont travaillé pour elle. Ils se sont fatigués à éloigner les mots qu'ils supposent au dessus de l'intelligence de leurs jeunes élèves. Ils les expriment par des périphrases, et donnent ainsi à leurs lecteurs l'habitude d'une prolixité, qu'ils conservent souvent dans un âge plus avancé.

PRÉFACE.

J'ai toujours jugé cette méthode défectueuse. Entraîné par mon affection pour mon petit-fils, à lui faire des contes, j'ai cru devoir suivre une autre route, parce qu'il me semble qu'on ne peut chercher trop tôt à développer l'entendement humain.

J'ai employé, sans balancer, tous les mots usités dans la conversation. L'enfant interrogera nécessairement son père sur ceux dont il ne saisira pas le sens, si, d'ailleurs, sa lecture l'attache. A huit ou dix ans, il doit être en état de consulter un dictionnaire; ainsi il apprendra, en s'amusant, à parler et à penser.

J'ai jugé utile de toucher légèrement

à la science. Je crois n'en avoir dit que ce qu'il faut pour piquer la curiosité de l'enfance, et lui inspirer le goût de l'étude. Alors, seulement, j'ai expliqué le mot scientifique, dont les vocabulaires n'indiquent que le genre.

Je suis loin de prétendre avoir mieux fait que mes prédécesseurs. Sans doute ma méthode sera critiquée, combattue. Je me soumets à l'arrêt qui sera prononcé. Je dirai seulement, pour ma justification, que j'ai suivi l'impulsion de ma raison, de mon jugement et de ma conscience.

CONTES
A MON PETIT-FILS.

Première Education.

Edmond était fils unique; il fut gâté, selon l'usage. Son père s'aperçut, seulement lorsqu'il eut huit ans, qu'il était exigeant, impérieux; qu'il ne souffrait les remontrances, qu'il s'attirait souvent, qu'avec une impatience marquée; qu'il traitait mal les domestiques, et qu'il en était détesté.

Le faible papa tint un petit conseil de famille, composé de lui et d'une jeune maman, plus faible encore que le papa. La maman soutenait qu'on devait passer bien des choses à un enfant destiné à être un jour le chef d'une famille opulente. Le papa prétendait que l'opulence ne dispense pas d'être bon, obligeant, aimable, et qu'il fallait penser sérieusement à changer le caractère d'Edmond.

Une école publique était le seul moyen qui pût rappeler Edmond à des idées de modération, que fait toujours naître l'égalité. Madame Du Perron résista; elle tremblait de perdre son fils de vue, pendant quelques heures de la journée. M. Du Perron insista de manière à ce qu'il ne fût plus question que du choix d'une école.

Madame Du Perron proposa un professeur fameux, chez qui on apprenait à lire en huit jours, à écrire en six, et l'orthographe en quinze. M. Du Perron n'avait pas de confiance dans les méthodes miraculeuses; il était fort instruit, et il avait employé sept ans à acquérir ses connaissances. D'ailleurs, la direction de l'enseignement de son fils lui appartenait exclusivement, et, de son autorité privée, il se mit à la recherche d'un maître qui pût répondre à ses vues.

Il lut au dessus de la porte d'une maison modeste, située près de la Sorbonne, *École De Lâtre*. Ah! ah! se dit-il, M. De Lâtre a encore la modestie de s'appeler maître d'école! Il ne doit pas être jeune; par conséquent, il tient à l'ancienne méthode d'enseignement, qui certainement est la bonne. Entrons. Il entra.

Tout était vieux dans cette maison. M. De Lâtre avait au moins soixante ans; sa tête, dépouillée de cheveux, était couverte d'une ample perruque que recouvrait un vieux bonnet de velours noir, d'où pendaient quelques petits bouts de ganse, qui avait été entière, et même dorée. Le vénérable personnage était enveloppé dans une vieille robe de chambre à grandes fleurs; un pavot, qu'on distinguait encore assez bien, prenait entre les deux épaules, et la queue allait se cacher dans la poche droite.

M. De Lâtre se leva lorsque M. Du Perron parut. Sa robe de chambre s'ouvrit, et laissa voir une culotte courte, qui, de rouge qu'elle avait été, avait pris une teinte de betterave. M. De Lâtre tenait autant aux modes anciennes qu'aux vieilles méthodes, car un pantalon eût caché des jambes de coq, qu'il était bon de dérober à la curiosité. L'ajustement était terminé, en bas, par des pantoufles de buffle tailladées, parce que M. De Lâtre avait beaucoup de cors aux pieds. En revanche ses mains très-sèches étaient très-saines, et il faisait des exemples d'écriture qui étonnaient ceux qu'on citait comme les premiers dans l'art de peindre.

Le dossier de son fauteuil, très-élevé, et dont le siége était couvert en paille, offrait aux regards, à droite une férule de bois, et à gauche une poignée de verges, élégamment suspendues par une ficelle au haut de chaque montant du fauteuil. Des murs rembrunis complétaient le tableau.

Une cinquantaine d'enfans étaient rangés autour de quelques tables; ils observaient le plus profond silence, et paraissaient très-appliqués à leur travail. Aucun d'eux ne leva les yeux, quand M. Du Perron parut.

M. Du Perron demeurait rue de Tournon, dans un hôtel à lui, dont l'élégance et la propreté faisaient un séjour charmant. Ses habitudes furent blessées par l'aspect de l'école de M. De Lâtre. La férule et les verges le révoltèrent. Il allait se retirer, sans avoir proféré un mot.

« Monsieur, lui dit le maître d'école, » vous avez sans doute un fils, et vous » craignez qu'il perde ici les habitudes » de mollesse qu'il a contractées chez » vous. Ne vous arrêtez pas au vase, » mais à la liqueur qu'il contient, a dit » Phèdre. Voyez, interrogez au hasard » quelques-uns de mes écoliers. »

M. Du Perron suivit ce conseil, et il fut étonné des connaissances qu'avaient acquises déjà des enfans bien jeunes encore. Il félicita M. De Lâtre. « Mais cette » férule, ces verges ! — Monsieur, c'est » avec des férules et des verges qu'on

» m'a fait monter ce que je sais dans la
» tête ; je me suis bien trouvé de cette
» méthode. C'est aussi avec ces instru-
» mens que je force ces enfans à appren-
» dre ce qu'ils doivent savoir. — Mais,
» Monsieur... — Mais, Monsieur, dans
» les nouvelles écoles, on met les enfans
» en prison, ou on leur donne de longs
» *pensum* à faire chez eux. La prison
» leur fait perdre du temps, et les *pen-*
» *sum* les privent de leur soirée, qui doit
» être à eux, quand ils ont travaillé pen-
» dant une grande partie de la journée.
» Une paire de férules, une courte fus-
» tigation sont bientôt données et re-
» çues ; d'ailleurs, je réserve ces châti-
» mens, consacrés par des siècles d'ex-
» périence, pour les occasions plus ou
» moins graves. »

M. Du Perron n'était pas persuadé,
et madame jeta les hauts cris, quand elle

entendit parler de férules et de verges. Une réponse fort insolente, que fit Edmond à des représentations pleines de douceur, lui imposa silence. Le papa prit son fils par la main, et le conduisit chez M. De Lâtre. Edmond avait alors neuf ans.

Les yeux se font aux costumes les plus ridicules : ils se sont accoutumés aux manches extravagantes que portent aujourd'hui nos femmes. Les écoliers de M. De Lâtre ne trouvaient rien de grotesque dans son habillement, et sa sévérité l'avait rendu imposant. Edmond éclata de rire en le voyant.

« On ne rit pas ici, » lui dit M. De Lâtre, et il porta la main sur la redoutable férule. Edmond se contint. « Prenez ce » livre, et lisez. Vous avez neuf ans, et » vous ne savez pas lire : vous ne faites » pas de liaisons. Mettez-vous à cette

» table, et écrivez. Vos lettres ressem-
» blent à des bâtons. A quelle école avez-
» vous été? — A celle de maman. — Et
» à quelle école a été votre maman? —
» Elle m'a dit avoir eu un maître chez
» sa mère. — On n'apprend rien chez
» soi. » M. De Lâtre lui donna une première leçon. Edmond la reçut d'un air distrait. M. De Lâtre alla prendre sa férule et en frappa un grand coup, en la posant sur la table, près de la main d'Edmond. Edmond devint attentif.

Il était mis comme le fils d'un petit seigneur, et le maître l'avait placé près d'un enfant dont l'habit était gras et percé au coude. « Tu me touches! je crois, » lui dit Edmond, du ton de la plus grande insolence. L'enfant, qui n'osait parler, lui répondit d'un coup de pied dans les jambes, lancé par dessous la table.

« On ne parle ici que lorsque j'inter-

» roge, dit M. De Lâtre à Edmond.
» Vous avez commis deux fautes en un
» instant : prenez garde à la troisième ;
» je ne vous la passerai pas. Levez-vous
» tous deux, et mettez habit bas..... L'ha-
» bit, le gilet. Robert, demandez-lui
» en latin comment il se porte. —
» *Quomodo vales?* — Edmond, répon-
» dez. — Je n'entends rien à son bara-
» gouin. — Vous êtes nus tous deux;
» vous voilà réduits à ce que vous valez
» réellement. Robert sait lire, écrire, et
» un peu de latin. Edmond, vous ne sa-
» vez rien du tout. Vous êtes donc fort au
» dessous de votre camarade. Apprenez
» qu'un habit neuf de fin drap, qui ne
» couvre que l'ignorance et la vanité,
» n'obtient de considération que de la
» part des sots. Rhabillez-vous tous
» deux, et remettez-vous au travail. »

A quatre heures on sortit de l'école.

Oh! alors les écoliers se dédommagèrent de la contrainte qui régnait en classe. Il fallait les voir rire, sauter, gambader, se rouler par terre, sans s'occuper de leurs vêtemens. Ceci explique pourquoi ils n'étaient pas d'une extrême propreté.

Un domestique et un cabriolet attendaient Edmond. Une huée générale l'assaillit. « Oh! ce monsieur, qui ne sait » rien, pas même aller à pied d'ici à la » rue de Tournon! — Il est impotent, di- » sait l'un. — C'est bien fâcheux, » disait l'autre. Et on le pousse à droite, on le pousse à gauche; on se le renvoie comme un ballon. Le domestique trouve très-mauvais qu'on traite son jeune maître avec autant d'irrévérence. Il s'avance, le fouet levé. Aussitôt les bambins se dispersent; la boue du ruisseau devient pour eux des armes. Pendant que Champagne court d'un côté, des placards de boue arrivent et s'attachent à son habit bleu-de-ciel. Le plus grand des écoliers l'attend de pied ferme, et lui détache une boulette qui le frappe dans l'œil droit. Champagne étend la main pour s'essuyer la figure, et se la couvre de boue toute entière. Il n'y voit plus, et les boulettes continuent à pleuvoir. L'un lui prend son fouet, et lui en donne par les jambes; l'autre s'empare de son chapeau, l'emplit d'eau grasse et le lui remet sur la tête. Le col de la chemise, très-blanche, de M. Champagne devient méconnaissable. Ce carillon infernal effraie le cheval. Il prend le galop, et entraîne le cabriolet sans savoir où il va. Il casse avec sa tête les vitres de la porte d'une mercière; la pauvre marchande est étonnée, terrifiée, en se voyant en communication intime avec le train de devant d'un cheval, qui lui paraît indompté. L'animal, fatigué de garder la même position, veut se reculer et ne le peut pas, parce que les bouts des deux brancards ont fait leur trou dans la menuiserie, et y sont fixés par les attaches en cuivre argenté, qui tiennent la ventrière. La mercière crie, son mari crie, sa fille de boutique crie; les voisins accourent et crient; les chiens, sur les pates desquels on marche, crient; c'est un vacarme infernal. La garde arrive enfin, et ne sait ce qu'elle doit faire, ni à qui s'en prendre.

C'est une terrible chose que de n'avoir rien à faire. On ne peut trop répéter aux enfans qu'à un âge plus avancé il faudra qu'ils s'occupent utilement, quelle que doive être leur fortune, ou qu'ils passent leur jeunesse à faire des folies, qui ruinent leur santé et la bourse. M. Du Perron vivait du gros revenu que lui avait laissé son père. Depuis qu'il était sorti du collége, il n'avait pensé qu'au plaisir. Or le plaisir n'est qu'une sensation qui dure peu, et quand on n'a rien pour la remplacer, on s'ennuie souvent; c'est ce qui arrivait à M. Du Perron.

Il se promenait, ce jour-là, dans la rue des Fossés-Monsieur-le-Prince, et il bâillait, en regardant voler les hirondelles. Il est attiré par le bruit qui se fait dans la boutique et devant la porte de la mercière. Il se propose une distraction d'un quart d'heure; il s'approche... « Mon cheval! mon cabriolet! » s'écrie-t-il.

Cette exclamation fixe les idées du caporal qui commande la garde. « Puis-
» que le cheval et le cabriolet vous ap-
» partiennent, dit-il à M. Du Perron,

» vous paierez le dommage. — C'est
» trop juste, » répond M. Du Perron.

Les ouvriers dont nous nous servons habituellement sont moins chers que les autres. Ils craindraient, s'ils nous volaient un peu trop, de perdre notre pratique. En conséquence de ce raisonnement, M. Du Perron voulait qu'on allât chercher son menuisier, qui demeurait au haut de la rue Saint-Jacques. La mercière, son mari et la fille de boutique, las, très-las d'être nez à nez avec un cheval, se récrièrent contre la proposition.

Il est des gens qui savent tirer parti de tout. Leurs moyens ne sont pas très-honnêtes; mais ils sont lucratifs. Le menuisier du coin était accouru, sa hache sur un bras et une scie passée dans l'autre. Il attendait, en ricanant, la fin de l'aventure. La mercière lui cria de mettre le cheval à la porte de chez elle ; le caporal ne voit pas qu'il y ait un autre parti à prendre que de jouer de la hache et de la scie. Il y avait de l'ouvrage pour une journée, et avant que M. Du Perron ait eu le temps de se déterminer, la façade de la mercière était par terre, et il fallait quinze jours pour la rétablir.

M. Du Perron se plaint amèrement. Le caporal lui répond que, lorsqu'il casse un verre dans un cabaret, il le paie. « Oui, mais vous n'en payez pas deux, » et ici on me fera payer toute une façade » que mon cheval n'a pas brisée. » Tout les spectateurs condamnent M. Du Perron, qui n'avait pas tort, parce que le peuple n'aime pas les cabriolets, qui écrasent quelquefois ses enfans. Pour se dérober aux clameurs, M. Du Perron monta dans le sien, après avoir donné son adresse, et le conduisit chez lui. Là une autre scène l'attendait.

Champagne se débarbouillait dans l'auge où il faisait boire ses chevaux. Son habit bleu de ciel séchait sur le balancier de la pompe. M. Du Perron l'interroge; madame lui crie, de son balcon, que son fils ne remettra plus les pieds chez M. De Lâtre. M. Du Perron monte; madame avait mis son fils au bain, pour effacer jusqu'au moindre contact de Robert et des autres écoliers. On se parle, on s'explique; M. Du Perron sait tout.

La plupart des maris parisiens sont très-doux avec leurs femmes. Cependant M. Du Perron reprocha assez vivement à la sienne d'avoir envoyé Edmond dans une école publique habillé de manière à humilier ses camarades. Il lui reprocha encore de l'avoir fait prendre, à la sortie de l'école, par un domestique en grande tenue et un cabriolet élégant. Il gronda très-vertement Edmond du propos insolent

qu'il avait tenu à Robert. « Est-ce ma
» faute, à moi, si maman m'a gâté? —
» Insolent, vous osez reprocher à votre
» mère le faible qu'elle a pour vous! »
Et M. Du Perrou lève le bras d'un air
menaçant. Sa femme se jette entre le père
et le fils. Elle prie, elle supplie. Monsieur
aime Edmond autant que madame. Il se
rend facilement à ses instances répétées,
et il observe que la leçon que l'enfant
vient de recevoir est très-propre à dissiper les idées d'orgueil dans lesquelles il
a été nourri.

Madame sentit qu'elle devait quelques
concessions à un époux qui s'était laissé
désarmer par elle. Elle consentit à ce
qu'Edmond retournât chez M. De Lâtre,
et elle assura M. Du Perron qu'elle arrangerait tout de manière à ce qu'il
n'eût plus le moindre sujet de plainte.

En effet, le lendemain la femme de

chambre habille Edmond avec des vêtemens qu'on avait jugés hors de service, et qu'on destinait à son frère de lait. Champagne le conduit, enveloppé dans son sarrau d'écurie. Edmond entre, et prend sa place. M. De Lâtre sourit de la différence du costume, et il jugea que la scène de la veille, qu'il avait observée de sa petite fenêtre, avait été profitable aux parens et à l'enfant. Il remarqua qu'Edmond cherchait, en écrivant, le coude de Robert ; qu'il le caressait du sien, et que Robert le regardait d'un air plein de bienveillance. Allons ! allons ! pensa le vieux maître, le naturel est bon, et si les parens ne détruisent pas l'effet de mes soins, je ferai quelque chose de cet enfant-là.

Edmond sentit que, pour être bien avec un maître qui ne pardonnait jamais, et des camarades qui n'enduraient rien, il fallait s'appliquer et se montrer bon garçon. Il lut un peu moins mal que la veille, et il forma ses lettres de manière à ce qu'on pût les deviner. M. De Lâtre lui passa la main sous le menton, et l'engagea à continuer.

A la sortie de l'école, Robert proposa d'aller jouer aux barres au Luxembourg. Tous les enfans entourèrent Edmond, devenu simple et modeste, et le pressèrent de venir avec eux. Edmond n'avait jamais joué qu'avec sa maman, et il n'avait pas d'idée du jeu de barres. Cependant il allait accepter, pour prouver qu'il voulait être bon camarade.... Le mieux est l'ennemi du bien. Il n'y avait pas de cabriolet à la porte. Mais madame Du Perron, en petite robe, accompagnée de sa femme de chambre, y attendait que l'heure de la liberté sonnât au Luxembourg. « Mes enfans, dit-elle à la troupe

» joyeuse, pour vous prouver qu'Ed-
» mond veut être votre ami, il vous invite
» à venir manger des petits gâteaux avec
» lui. » Une telle proposition était bien
capable de faire oublier la partie de
barres, et un murmure d'approbation
se fit entendre. Madame Du Perron se
mit à la tête de la colonne, et entra avec
elle dans la boutique du premier pâtissier qui se présenta. « Voyez, mes amis;
» choisissez, prenez ce qui vous plaît. »

Madame Du Perron imaginait que ces
enfans allaient se conduire comme Edmond, lorsqu'on en était au dessert qui
suit un dîner abondant, un biscuit, un
macaron, une meringue. Dire à cin-
quante enfans, que leurs parens ne
gâtent pas, et qu'on a conduits chez un
pâtissier, « Prenez ce qui vous plaira, »
c'est exposer sa bourse. Tout plut à ceux-
ci, du pâté à la croquignole, et au bout

de cinq minutes tout ce qu'il y avait dans la boutique était consommé.

Madame Du Perron avait compté dépenser cinq à six francs. Le pâtissier lui en demanda quatre-vingts, et son mari trouva que c'était payer trop cher le traité d'amitié conclu entre Edmond et ses camarades. Les deux époux résolurent de laisser aller les choses tout simplement, comme faisaient les parens des bambins qu'ils envoyaient chez M. De Lâtre.

On recommande aux enfans d'avoir de la prévoyance. Le principe pourrait s'étendre jusqu'aux pères et mères qui en parlent sans cesse. Madame Du Perron n'avait pas prévu ce qui arriva la nuit et le lendemain. Edmond, entraîné par l'exemple de ses camarades, s'était bourré de pâtisserie. Il ne dîna point, et madame Du Perron s'inquiéta. Il ne voulut pas souper, et l'amour maternel mit toute la maison en l'air. La cuisinière fit bouillir de l'eau; la femme de chambre chercha de tous les côtés du thé qu'elle avait sous la main; Champagne courut chercher le médecin; madame Du Perron pressait tendrement dans ses bras son fils, à qui il fallait de l'air, et qu'elle suffoquait. Le docteur arriva, examina le malade, et prononça gravement qu'il avait une indigestion. « De l'eau tiède en » abondance, dit-il. — De l'eau tiède! cria » madame Du Perron. — De l'eau tiède! » criait la femme de chambre. — De l'eau » tiède! » criait Champagne, en sautant les escaliers quatre à quatre. La cuisinière, assourdie par tous ces cris, ne sait plus ce qu'elle fait. Elle se hâte; elle prend la cafetière par le bas; elle se brûle les doigts; elle renverse l'eau bouillante sur le fourneau; il n'y a plus de feu dans la maison, et il n'y reste que de l'eau froide.

La nature fut plus forte que le médecin et que toutes les clameurs possibles. Le pâté de jambon, la tourte de confitures, le baba se font jour, et tombent en abondance sur Fidèle, petit caniche que madame Du Perron aimait beaucoup. Fidèle, stupéfait, et exaspéré de l'accident, se réfugie auprès de sa maitresse et saute sur ses genoux. Madame Du Perron crie à sa femme de chambre d'accourir avec de l'eau et une éponge. Juliette se précipite; elle accroche le coin d'une table, sur laquelle était placé un élégant déjeuner de porcelaine. La table et le déjeuner tombent en même temps, et le parquet est couvert des débris de la porcelaine.

La cuisinière, étrangère au bruit infernal qui se faisait en haut, avait rallumé un fourneau, et Edmond était menacé d'avaler deux ou trois pintes d'eau, dont il n'avait plus besoin. En vain il protestait de son entier retour à la santé; le médecin avait ordonné qu'il boirait abondamment, et sa mère lui prescrivit de boire. Il s'en défendait, il priait, il pleurait. Il fallut qu'il bût : juste punition de sa gourmandise.

Au milieu de ce tumulte, M. Du Perron rentrait dans son cabriolet, accompagné de son jokey, espèce d'espiègle, qui ne cessait de faire des niches à la cuisinière. Champagne, qui désirait épouser cette fille, châtiait fortement le jokey, quand il le prenait sur le fait. Ainsi, quelque âge que nous ayons, dans quelque condition que nous soyons, nous ne faisons jamais de fautes sans en être punis d'une ou d'autre manière.

Monsieur Du Perron, après s'être informé de tout, après avoir tout éclairci, décida que chacun se coucherait, et que le lendemain on rétablirait l'ordre dans le salon. Le lendemain, madame Du Perron prononça que, si son fils n'avait plus besoin d'eau chaude, il était nécessaire de ménager son estomac fatigué, et qu'il ferait diète pendant toute la journée. Cet arrêt arracha des larmes abondantes à Edmond. Les enfans gâtés savent qu'ils arrangent toujours leurs affaires en pleurant. Cependant sa maman croyait fermement que sa santé exigeait un régime rigoureux, et elle fut inexorable : seconde punition de l'intempérance d'Edmond.

Il était loin d'être le seul à qui la boutique du pâtissier eût été fatale. Le lendemain, la moitié des enfans ne parurent pas à l'école : on les avait mis aussi à l'eau chaude chez eux. L'autre moitié demandait sans cesse à M. De Lâtre, par deux, par quatre, la permission de sortir. M. De Lâtre était étonné de l'absence de tant d'écoliers, et il ne concevait rien à la manie qu'avaient les présens de vouloir sortir à chaque instant. Il ne vit que de la paresse chez les uns et les autres; il prononça qu'on ne sortirait plus, et qu'on eût à travailler.

Au bout d'une demi-heure son odorat fut frappé de certaines émanations qui ne ressemblaient pas du tout à celles de l'eau de Cologne. Il prend une prise de tabac, il en prend deux, il en prend trois;... il regarde autour de lui... et les vêtemens de ses bambins, et le carreau de sa classe déposent de la triste vérité. Il interroge, il écoute, et bientôt il est convaincu qu'il n'a rien de mieux à faire que de renvoyer ses écoliers chez eux.

Cependant il n'était pas homme à laisser échapper l'occasion de prêcher ses disciples. Il commença par ouvrir portes et fenêtres, afin de pouvoir parler avec une certaine liberté, et il prit la parole.

« Un enfant bien né, et qui se res-
» pecte, ne se jette pas sur ce qu'on lui
» présente, comme le loup se rue sur
» l'agneau. Il avance son assiette ou sa
» main, selon la circonstance, et reçoit,
» avec un remercîment, ce qu'on veut
» bien lui donner. Mais qu'avez-vous
» fait? vous avez dévasté la boutique
» d'un pâtissier comme des brigands pil-
» lent une ville qu'ils ont prise d'assaut,
» et qu'en est-il résulté? vous le voyez,
» vous le sentez. Ce n'est pas sans cause
» qu'on a mis la gourmandise au rang
» des péchés capitaux. Vous avez le corps
» débile, la tête pesante; vous n'êtes ca-
» pables de rien.

» Vous avez joint l'inhumanité à l'in-
» tempérance. Vingt enfans, qui man-
» quent du nécessaire, eussent été heu-

» reux d'obtenir ce superflu dont vous
» vous êtes gorgés, et qui a dérangé votre
» santé. Sobres à l'avenir, vous serez
» frais, gais et dispos. Votre conception
» sera facile, vos idées saines et lumineuses.
» Vous serez dignes de la destinée que pré-
» pare la nature à ceux qui n'abusent pas
» de ses dons. Ayez l'ambition de devenir
» des hommes estimables, comme je fais
» tous mes efforts pour vous mettre en
» état d'obtenir un jour ce titre glorieux.

» Cependant votre faute est tellement
» grave que je ne me bornerais pas à
» de simples remontrances, si je ne crai-
» gnais de salir mes verges.... Ciel! qu'en-
» tends-je? Une explosion nouvelle part
» de tous les côtés!... Allez, sauvez-vous,
» petits gourmands, et ne revenez que
» dans deux jours. Je profiterai de ce
» temps pour faire mettre ma classe en
» état de vous recevoir. »

Il écrivit à madame Du Perron une lettre très-polie et fort bien tournée, dans laquelle cependant il lui donnait clairement à entendre que tenter les enfans, c'est se rendre responsable des événemens qui peuvent en résulter. Il finissait en la priant instamment de ne plus se mêler de ses écoliers.

Madame trouva ses observations fort justes, et, de ce moment, Edmond ne fut plus qu'un écolier comme les autres. Champagne, toujours en costume d'écurié, le conduisait le matin, et l'allait prendre à l'heure précise de la fermeture de l'école. Il sortait en riant, en gambadant, parce qu'il était content de lui : il avait travaillé avec soin, et l'enfant qui a rempli ses devoirs éprouve un mouvement de satisfaction qui le dédommage amplement de la contrainte dans laquelle il a passé quelques heures.

M. De Lâtre avait conservé, avec sa férule et ses verges, ces croix d'argent qui, suspendues à la boutonnière de l'enfant, attestent sa capacité, ou sa bonne conduite. Edmond rentra un jour chez lui décoré de la fameuse croix. Sa mère éprouva le délire du bonheur; elle assembla tous ses gens, et leur montra la décoration, prix d'une application soutenue; elle fit préparer le cabriolet, et conduisit Edmond chez ses parens, chez ses amis, et même chez de simples connaissances, à qui il était égal qu'Edmond eût la croix, ou ne l'eût pas. Enfin, elle arrêta une partie de campagne pour le dimanche suivant.

Or, comme elle voulait y donner une sorte d'importance, elle invita six à huit petits cousins ou petits amis à venir partager et embellir le triomphe d'Edmond. M. Du Perron approuva ce projet, parce qu'il fallait, disait-il, encourager les enfans à suivre la bonne route, quand ils y étaient volontairement entrés. En conséquence, on fit de grands préparatifs pour la fête qu'on devait célébrer.

Deux carrosses de remise reçurent M. et madame Du Perron, leur fils et les élus. Les coffres des voitures renfermaient les provisions de bouche, que madame se proposait de distribuer avec une prudente économie, et on voit qu'une lettre raisonnable peut ramener une jeune mère à des idées de modération, lorsque, d'ailleurs, elle n'a rien d'offensant.

On partit pour aller passer la journée dans le parc de Saint-Cloud. On ne parla, en chemin, que des plaisirs qu'on allait goûter : espérer, c'est déjà jouir. Si un des enfans proposait quelque chose d'agréable et surtout de nouveau, on lui répondait par des applaudissemens unanimes. On arriva, la tête remplie des plus piquantes illusions. L'imagination embellit tout; elle se compose même un univers. Cependant le prestige s'évanouit devant la réalité; on est forcé de voir les choses ce qu'elles sont. Malheureusement l'expérience ne guérit pas les têtes exaltées, et les illusions de l'enfance sont celles de presque toute la vie.

On courut la bague; on fut voir Polichinelle; on entra à la fameuse ménagerie; on visita les danseurs de corde, et, après avoir passé une demi-heure dans un endroit, on désirait en voir un autre. La jouissance de nos besoins naturels est la seule que nous n'exagérions jamais, et qui nous satisfait véritablement; et tous les jours. L'appétit commença à se faire vivement sentir. M. et madame Du Perron dirigèrent la petite troupe vers la Lanterne de Diogène, et là, Champagne étendit sur l'herbe les viandes froides et les friandises dont on avait fait à Paris un choix recherché. Madame Du Perron, fidèle à la modération qu'elle s'était prescrite, servit chacun de ces enfans de manière à ce qu'il n'eût besoin ni de médecin ni d'eau chaude. Un repas frugal, mais suffisant, fait naître la gaîté : on joua à tous les petits jeux qu'on connaissait, à ceux que M. Du Perron rappela à sa mémoire, qui n'étaient plus à la mode, et qui par cela seul redevenaient nouveaux.

Un marchand de ballons passa : « Des » ballons! des ballons! » crièrent tous les enfans à la fois, et madame Du Perron acheta des ballons.

On joue; on pousse, on lance les ballons avec le poing, avec le pied. Edmond, qui n'a jamais joué qu'assis en face de madame sa mère, réussit beaucoup moins que ses camarades, et tombe à chaque instant sur son postérieur. Il se fatigue plus que les autres, quoiqu'il n'obtienne aucun succès, et madame Du Perron commence à comprendre qu'il ne faut pas élever un garçon comme une petite fille.

Cependant tous ces enfans finissent par sentir la nécessité du repos, autre besoin naturel qu'il est encore très-doux de satisfaire. Ils sont assis en cercle ; ils prennent un second repas, et se mettent à jaser comme des merles, pendant que M. et madame Du Perron causent raisonnablement, à quelques pas de là.

Des domestiques de maisons différentes, qui se rencontrent par hasard; des employés de diverses administrations, qui se trouvent chez le même traiteur; des acteurs subalternes, qui gagnent douze cents francs aux grands théâtres, et qui prennent l'air, faute de mieux, aux Tuileries ou au Luxembourg, médisent de leurs maîtres, de leurs chefs de division, des comédiens qui jouent les premiers rôles. Ainsi nos enfans, qui appartiendraient à six colléges, oubliaient leur sujétion de la semaine en tournant en ridicule leurs proviseurs, leurs professeurs, et même leurs répétiteurs.

Les bons maîtres ne sont pas communs; il en est cependant, et l'élève qui croit pouvoir se dispenser, à leur égard, du respect et de la reconnaissance fait un premier pas vers la perversité. Que ne doit-il pas en effet au maître qui lui consacre son temps, ses veilles, et qui n'a à espérer d'autre récompense que les succès de l'écolier!

Jusque là Edmond avait cru M. De Lâtre le premier professeur du monde. Il commença à lui trouver des ridicules, et à rire, avec ses camarades, de son costume, de sa férule et de ses verges : il devait éprouver bientôt le danger des liaisons dangereuses.

Quand on fut las de médire, on parla des espiègleries de collége, et on en raconta qui étaient effectivement assez plaisantes. On ne les expiait que par quelques *pensum* plus ou moins longs, qu'on faisait mal, parce que le professeur ne les lisait jamais.

On riait beaucoup à la fin de chaque historiette. Edmond avait l'imagination vive, et il se promit bien de jouer quelque tour à M. De Lâtre.

Le vieux maître lui avait inspiré le goût du travail; il entretenait son émulation par de justes récompenses. Tout allait changer, parce que cet enfant avait passé quelques heures en mauvaise compagnie.

Jeunes arbrisseaux, susceptibles de

prendre toutes les directions, soyez prévoyans, puisque vos parens ne veulent pas l'être. Persuadez-vous que le camarade qui tourne devant vous son maître, son devoir, en ridicule, et qui a l'art de se faire écouter, est un ennemi indirect qui ne vous prépare que des chagrins. Évitez-le, fuyez-le. Edmond était trop jeune encore pour faire de semblables réflexions.

La nuit approchait. On s'était mis en marche pour rejoindre les voitures. On s'était reposé; on riait, on sautait de nouveau, en suivant la longue et belle avenue qui conduit au pont de Saint-Cloud. Edmond formait, combinait, mûrissait dans sa tête son projet d'espièglerie pour le lendemain. On passe devant un magasin de joujoux; Edmond en achète un dont le choix lui paraît très-heureux, et il le met dans sa poche.

Le lundi matin, il fut très-empressé d'aller à l'école. Il y arriva avec un bon nombre de ses camarades, qui lui firent beaucoup d'amitiés, parce que, s'ils n'avaient pas oublié l'eau chaude, ils se rappelaient, avec plaisir, la libéralité de sa maman, libéralité qui pouvait bien se renouveler, mais dont ils se promettaient bien d'user avec réserve. Edmond leur promit qu'ils allaient rire, et de tout leur cœur.

Chacun était placé; les devoirs étaient distribués; le silence régnait partout; l'application était générale. Edmond commença à écrire sa page, et il paraissait aussi réfléchi que les autres.

Tout à coup on entend les aboiemens d'un petit chien. M. De Lâtre lève la tête, porte ses regards de tous côtés, cherche des yeux, et ne trouve pas l'animal qui trouble le calme profond qui régnait dans la classe. Il se rétablit bientôt; mais un moment après le même bruit se renouvelle, et tous les écoliers éclatent de rire à la fois. M. De Lâtre sort de son grand fauteuil, s'arme d'un bâton, et l'allonge sous les tables, sous les bancs. Pendant qu'il est à une extrémité de la classe, le chien aboie de l'autre. M. De Lâtre court de ce côté et n'entend plus rien. Il ne conçoit pas ce qui se passe; son incertitude, son impatience, son agitation ajoutent à la gaîté de ses élèves; un rire bruyant, et qui ne cesse plus, se fait entendre.

M. De Lâtre avait été écolier, et il savait plus d'un tour. Il promena un œil sévère autour de lui, il examina la position de ses bambins : tous, sans en excepter Edmond, avaient les deux mains sur leur table. Le maître ne savait comment reconnaître le coupable, et cependant il était convaincu qu'il y en avait un. Pendant qu'il méditait, le petit chien recommença son vacarme, et les rires continuèrent.

« Assez, assez, disait tout bas Robert » à Edmond : cela finira mal. » Robert était raisonnable, et Edmond ne tint aucun compte de ses bons avis; le chien aboya plus fort que jamais. M. De Lâtre avait une cuisinière qui aimait beaucoup les chats; elle en avait un qui ne pouvait souffrir les chiens. Le maître, exaspéré, ouvre une porte, appelle le chat et l'excite au moment où Edmond, qui croit n'avoir rien à craindre, fait entendre de nouveau son carillon. Le chat se précipite sur lui; il lui enfonce ses griffes de devant dans une cuisse. Edmond pousse un cri lamentable; il se lève, il veut fuir l'ennemi acharné après lui; sa mécanique, qu'il tenait fixée

2*

entre ses genoux et le dessous de la table, tombe et décèle le coupable. M. De Lâtre la relève et l'examine.

Edmond avait acheté à Saint-Cloud un caniche de carton, monté sur un soufflet qui se lève, qui se baisse, et dont le vent imite fort heureusement quelquefois la voix du chien. M. De Lâtre, furieux d'avoir été joué si longtemps, saisit ses terribles verges et ordonne à Edmond de se mettre à genoux. La correction devait être forte ; elle allait commencer. M. De Lâtre s'aperçoit que le pantalon blanc du perturbateur de la classe est ensanglanté. Il saisit Edmond par une oreille, il le conduit dans sa cuisine, et ordonne à mademoiselle Javotte de mettre de l'eau et du sel sur ses blessures. Le remède est plus douloureux que l'impression des griffes du chat; Edmond jette des cris perçans; la classe est troublée encore, mais d'une autre manière. Tous les cœurs étaient attendris : les enfans ont beaucoup de sensibilité quand les vices des hommes et leurs mauvais exemples n'ont pas altéré encore leur bon naturel.

Il était tard, et M. De Lâtre jugea qu'on ne pourrait rien faire ce jour-là. Il congédia ses écoliers, et renvoya Edmond à ses parens par sa cuisinière. Il réfléchit ensuite qu'un enfant qui avait valu une indigestion à tous ses camarades, et qui allait être leur professeur en espiégleries, ne pouvait rester chez lui. Il fit sa barbe, peigna sa perruque, passa la chemise blanche, l'habit des dimanches, et se rendit chez M. Du Perron.

Madame se plaignit amèrement de l'état où était la cuisse de son fils, et elle ajouta que, lorsqu'on a un chat méchant, on ne l'excite pas contre un petit malheureux sans défense. M. De Lâtre répondit qu'il ne savait pas qui était le coupable, et que l'insolence opiniâtre de son fils avait reçu sa juste punition. On voit que M. De Lâtre avait la fermeté qui convient à un chef d'institution, et qu'il était incapable de flatter des parens exigeans et déraisonnables. Madame répliqua très-aigrement ; le professeur ne ploya point, et une rupture ouverte allait terminer cette scène, lorsque M. Duperron parut.

La discussion prit alors un caractère de modération, dont deux hommes sensés aiment à ne pas s'écarter. M. De Lâtre désira savoir comment s'était passé le dimanche de la veille, qui avait totalement changé l'humeur tranquille et docile d'Edmond. Quand il fut instruit, il adressa la parole à madame Du Perron.

« Madame, avez-vous nourri votre
» fils?—Que vous importe, Monsieur?...
» Non, je ne l'ai pas nourri.—Et quand
» il a fallu choisir une nourrice, vous
» avez appelé votre accoucheur, votre
» médecin; vous avez pris toutes les pré-
» cautions propres à assurer la santé de
» votre fils.—Précautions très-louables,
» Monsieur. — Sans doute, Madame.
» Mais ne devez-vous vous occuper que
» du physique? Comptez-vous le moral
» pour rien?—Je ne vous entends plus,
» Monsieur. — Si vous examiniez aussi
» scrupuleusement les enfans auxquels
» vous livrez le vôtre, que vous avez fait
» examiner votre nourrice, ces petits
» faiseurs de *pensum* n'eussent pas donné
» à Edmond l'idée de la scène qui a eu
» lieu aujourd'hui, et qui m'afflige autant
» que vous. » M. De Lâtre finit en décla-
rant à M. et à madame Du Perron qu'il

ne recevrait plus leur fils dans son école.

Dès la première fois que M. Du Perron avait causé avec M. De Lâtre, il avait remarqué son sens droit et son jugement sain. Il avait été effrayé au premier aspect des verges; mais il reconnaissait que le maître s'en servait rarement. D'ailleurs, son fils avait mérité une correction, dont l'acharnement du chat de mademoiselle Javotte l'avait dispensé. Il fit à Edmond une verte mercuriale, et comme il craignait de ne pas trouver une école qui valût celle où il était, il termina son discours en priant M. De Lâtre de garder son fils chez lui.

Tout homme a son genre de vanité. M. De Lâtre fut flatté d'entendre M. Du Perron professer ses principes, et lui donner des marques de considération qu'il méritait sans doute, mais qu'il n'obtenait pas toujours. Il se rendit aux instances du jeune papa.

Cependant, l'eau et le sel agissaient encore sur la cuisse d'Edmond. Il continuait ses grimaces, qui attendrissaient sa mère; mais son père et M. De Lâtre lui répétaient à chaque crise : « Vous l'avez voulu; vous l'avez mérité. »

Madame Duperron n'avait pas manqué d'envoyer chercher son chirurgien. Le docteur, après avoir fait les questions d'usage, prononça que le remède dont l'effet devait être le plus prompt était effectivement l'eau et le sel; mais il ajouta que le moyen était violent, et devait être employé pour les pauvres, à qui il faut tout donner, et pour les manans, à qui il faut des remèdes économiques. M. De Lâtre et M. Du Perron remarquèrent qu'Edmond, s'étant conduit comme un manant, devait être traité de même,

« Mais, Monsieur, demanda M. De Lâ-
» tre au chirurgien, quel sens attachez-
» vous au mot *manant*, que vous pro-
» noncez avec dédain? — Ma foi! Mon-
» sieur, un manant..... un manant..... —
» Est un être méprisable, n'est-il pas
» vrai? Et mérite-t-on le mépris parce
» qu'on ne peut pas acheter de remèdes?
» Qu'était votre père? — Monsieur, la
» question est singulière. — Je ne vous
» la fais pas sans dessein. Qu'était votre
» père? — Puisque absolument vous
» voulez le savoir, il était tapissier. —
» Ah! Et votre aïeul? — Oh! c'en est
» trop. Finissons, s'il vous plaît. — Je
» vois ce que c'est; votre aïeul était un
» manant, et vous ne voulez pas en
» convenir; c'est le fleuve qui méconnaît
» sa source. Vous avez mauvaise grâce

» d'appliquer un terme de mépris aux
» égaux de votre grand-père. Au reste,
» Monsieur, vous avez des talens bien
» reconnus, un mérite distingué, et il
» serait à désirer que chacun fût son
» propre ouvrage. Cette noblesse-là vau-
» drait bien celle dont on hérite.

» Finissons, en nous entendant sur les
» mots, car il est bon de savoir ce qu'on
» dit. Dans le temps des croisades, tous
» ceux qui restèrent dans leurs domai-
» nes furent appelés manans, du mot la-
» tin *manens*, qui veut dire *restant*. Déjà
» on appelait *vilains* les habitans des
» villes, qui n'étaient composés, moins
» la soldatesque, que de gens indus-
» trieux. Or l'ignorance et la paresse af-
» fectaient de dédaigner l'industrie, et
» les grands eussent manqué, manque-
» raient du nécessaire, s'ils fussent par-
» venus à l'éteindre. Ces deux mots étaient

» injurieux; mais aujourd'hui ils tom-
» bent dans l'oubli. On n'estime, à peu
» près, ou on ne méprise les gens que
» d'après ce qu'ils valent, ou en raison
» de leur mauvaise conduite. Ainsi, Ed-
» mond, il dépend uniquement de vous
» d'être un bon sujet, ou un manant et
» un vilain. »

Le chirurgien ne répondit rien. M. Du Perron serra la main à M. De Lâtre, et les engagea tous deux à dîner. La conversation fut instructive et amusante alternativement. Tout ce que disait M. De Lâtre était pour Edmond une leçon indirecte. L'homme ridicule avait disparu, et madame Duperron elle-même sentit que son fils ne pouvait être en de meilleures mains.

Cependant la femme de chambre avait détaché en cachette, mais assez maladroitement, la piquante compresse. Elle y

ÉDUCATION. 51

avait substitué le calmant ordonné par le chirurgien, et personne n'avait eu l'air de s'en apercevoir. Edmond dîna de fort bon appétit, quoiqu'il fît encore de temps en temps de légères grimaces. On parla, au dessert, du parti qu'on prendrait à son égard. On ne pouvait l'envoyer à l'école de quelques jours; tout le monde fut d'accord sur ce point. Mais comment l'occuper ou le distraire dans l'intervalle?

Une politesse, une prévenance ne sont jamais perdues. Soyons polis avec tout le monde, même avec ceux dont nous n'attendons rien. Ils nous aimeront, et c'est beaucoup : il est si doux d'être aimé ! M. De Lâtre, flatté des égards que lui avait marqués M. Du Perron, proposa de venir, à la fin de sa classe, donner à Edmond une leçon de latin. Sa proposition fut accueillie avec reconnaissance. Mais les journées sont longues; que fera l'enfant, en attendant l'arrivée de M. De Lâtre?

Madame sa mère dit qu'elle jouerait avec lui au nain jaune, au domino, au noble jeu de l'oie. « Jeux insignifians,
» dit M. De Lâtre. — Mais, Monsieur, ils
» conviennent à un enfant, confiné sur
» un fauteuil. — Mais, Madame, il en
» est d'autres qui peuvent remplir vos
» vues, qui sont propres à faire méditer
» Edmond, et, par conséquent, à éten-
» dre et former son jugement. Les da-
» mes, les échecs... — Vous avez raison,
» vous avez raison, monsieur De Lâtre.
» Je ne suis pas forte au jeu de dames;
» mais j'en sais assez pour en enseigner
» la marche à mon fils. — Moi, dit M. Du
» Perron, je lui montrerai les échecs. »

Tout se fit comme on l'avait arrêté. Edmond ne pouvait acquérir beaucoup d'idées nouvelles en huit jours; mais il en prit assez pour dédaigner des jeux qui avaient fait les délices de ses premières années. Le neuvième jour, il retourna chez M. De Lâtre.

Les griffes du chat étaient encore empreintes sur sa peau délicate, et la leçon avait été trop forte pour qu'il l'oubliât de sitôt. Il remercia Robert de l'avis salutaire qu'il lui avait donné, et dont sa mauvaise tête l'avait empêché de profiter. Il reprit ses travaux avec un zèle, une persévérance inépuisables. Né avec beaucoup d'intelligence, il devint bientôt, relativement à son âge, un des forts écoliers de M. De Lâtre, et un jour, il rentra chez lui avec trois croix. Son père fut heureux; sa mère tomba dans une espèce d'ivresse.

Cependant les tristes effets de la partie de Saint-Cloud étaient encore présens à leur mémoire. Ils demandèrent à Edmond ce qu'il désirait. « J'ai à l'école » un camarade appliqué, sage, un véri- » table ami, qui a voulu me retenir, » quand je me suis permis la mauvaise » farce du chien. Engagez, je vous en » prie, Robert à venir dîner avec nous » dimanche. » On voit que cet enfant était alors dans les meilleures dispositions.

M. Du Perron prit de M. De Lâtre des informations sur Robert et ses parens. Il était le fils unique d'un lieutenant-colonel qui avait fait partie de l'armée de la Loire. Il vivait du produit d'une modique pension; cependant il eût pu être heureux encore, si ses moyens lui eussent permis d'étendre l'éducation de son fils au delà de ce qu'on apprend dans les premières écoles.

M. Du Perron alla voir le lieutenant-colonel. Il trouva un bel homme, dont la figure était décorée d'une noble cicatrice. Un sentiment profond l'avait uni à une jeune personne qui n'avait que des qualités, et qui partageait gaîment la médiocrité dans laquelle vivait son mari.

Ce n'était encore que mardi; cinq jours devaient s'écouler encore avant qu'Edmond reçût son ami. C'était beaucoup pour son impatience; c'était peu pour que son père fît une bonne action. Un homme opulent et aimable est nécessairement répandu, et, dans le nombre de ses connaissances, il en est quelquefois qui se plaisent à obliger. Robert vint dîner au jour convenu, et il trouva, sous sa serviette, sa nomination à une bourse au collége de Louis-le-Grand. Dans le transport de sa joie, Robert faillit à renverser la table. Hélas!

M. Du Perron séparait son fils de l'ami unique, véritable, sincère, qu'il eût encore au monde. Le sort de toute notre vie peut dépendre de nos premières liaisons.

L'enfant de parens pauvres sent de bonne heure la nécessité du travail ; celui qui est issu d'une famille opulente est sans inquiétude sur son avenir; et Edmond était naturellement porté à la dissipation et à l'espièglerie. Robert n'était plus là pour le soutenir par son exemple et ses conseils ; Edmond se négligea bientôt. M. De Lâtre entreprit de le ramener à son devoir par quelques férules administrées avec modération. Edmond devait sentir qu'il méritait d'être puni, et éviter de l'être à l'avenir. Il se livra à une humeur déplacée, parce qu'elle était injuste, et il se borna à faire uniquement ce qu'il fallait pour n'être châtié que rarement. Aussi, plus de paroles encourageantes de la part de M. De Lâtre, et par conséquent plus de croix.

On était dans les grandes chaleurs de l'été. Le bon M. De Lâtre, fatigué des leçons multipliées qu'il avait données, se reposait dans son grand fauteuil. Bientôt un sommeil, qu'il ne pouvait vaincre, ferma ses paupières. Edmond conçut quel parti il pouvait tirer de cette circonstance, et son plan fut aussitôt arrêté.

Un crochet de fil de fer, auquel mademoiselle Javotte suspendait une lampe, dans les jours courts, pendait précisément à un pied au dessus de la tête de M. De Lâtre. Edmond trouve, dans sa poche, un fil qui lui avait servi quelques mois auparavant à tourmenter de pauvres hannetons. Il détache l'épingle d'or qui fermait le devant de sa chemise; il la ploie en forme d'hameçon ; il attache son fil sous la petite boule qui formait le haut de l'épingle.

L'envie de faire une espièglerie d'éclat lui fait oublier le chat, ses griffes et Robert. Il s'avance sur la pointe des pieds, il retient son haleine ; ses camarades se promettent du plaisir sans danger ; ils se gardent bien de souffler, et le perfide hameçon est accroché au haut de la perruque de M. De Lâtre. Edmond a repris sa place.

Mademoiselle Javotte accourt toute effarée, en criant : « Monsieur le curé ! » monsieur le curé ! » C'était, en effet, M. le curé de la paroisse, qui venait examiner les enfans sur le catéchisme. M. De Lâtre s'éveille en sursaut, se lève précipitamment, laisse sa perruque suspendue au maudit fil, et salue profondément son curé, étant coiffé en enfant de chœur. Le curé était naturellement grave; mais le crâne pelé de M. De Lâtre, une grosse loupe, placée au dessus de chaque œil, assez semblables par la situation aux cornes de Moïse ; l'embarras du maître, qui se sent dépouillé de sa perruque; la confusion où le jette le secret de ses loupes, qui n'était pas même connu de mademoiselle Javotte; les mots sans suite qu'il balbutie, tout concourt à provoquer le rire, et le curé, qui était loin d'être méchant, ne peut résister à ce que le tableau lui offre de grotesque. Il part de la manière la plus bruyante, et quand M. le curé rit, tout le monde peut rire. Toute l'école retentit d'éclats immodérés.

M. De Lâtre, confus, désespéré, se tourne vers sa chère perruque, qui se balançait encore au bout du fil perfide, tant était forte la secousse qu'il lui avait donnée en s'élançant de son grand fauteuil. Il décroche la traîtresse perruque qui a mis ses loupes à découvert; il se coiffe, tant bien que mal, fait rouler le siége d'honneur jusqu'à M. le curé, et l'invite à s'y placer. Les rires cessent, et le curé se prépare à commencer son examen.

La tête du maître d'école était à peu près remise, et, en pareille circonstance, c'est toujours l'élève le plus capable que le professeur met en avant. M. De Lâtre fait approcher Edmond; il répond parfaitement à trente questions, prises au commencement, au milieu et à la fin du livre. M. le curé le comble d'éloges.

A Edmond succédèrent d'autres écoliers moins forts que lui sur cette partie, mais qui, cependant, se tirèrent fort bien d'affaire. M. le curé adresse à M. De Lâtre des félicitations sur le succès de son éducation religieuse ; il tire de dessous son manteau une imitation de Jésus-Christ, très-proprement reliée; il embrasse Edmond, en lui présentant le livre saint; il salue à la ronde, et se retire. Jusque là tout allait bien.

Mais que va devenir la grande affaire de la perruque? L'amour-propre de M. De Lâtre était cruellement blessé. Être ainsi humilié en présence de M. le curé! avoir eu le chagrin cuisant de le voir éclater de rire, à l'aspect de ses loupes! et tous ses écoliers ajouter, de la manière la plus bruyante, aux éclats du digne pasteur! C'est ce qu'aucun maître ne pourrait pardonner.

M. De Lâtre examine le fil. Un fil ne peut déposer contre personne; mais l'hameçon accusateur lui piqua outrageusement deux doigts, et devint l'objet d'un sévère examen. Or Edmond était le seul de ses écoliers qui eût une épingle d'or.... Le coupable est trouvé. Oh! cette fois, il n'y eut pas de pardon.

M. De Lâtre le fait passer dans le coin redoutable. Ses prières, ses supplications sont sans effet; M. De Lâtre a la tête pleine encore de la scène qui vient de se passer, et la douleur que lui causent les piqûres de l'hameçon ajoute à sa colère. A chaque coup Edmond jette des cris perçans; à chaque coup, les verges marquent sa peau douce des gouttes de sang qui coulent des doigts du maître. Nos forces ont des bornes, et M. De Lâtre s'arrêta quand les siennes furent épuisées.

Il écrivit ce court billet : « Je vous » renvoie votre fils. Aucune considéra- » tion ne pourra me déterminer à le rece- » voir désormais chez moi. » Il appelle Javotte; il la charge du billet et de l'enfant, et lui ordonne de les remettre entre les mains de ses parens.

Ainsi, dans une demi-heure de temps, Edmond reçoit un prix et les étrivières; il les avait mérités tous deux.

« Non, certainement, s'écria madame
» Du Perron, mon fils ne rentrera pas
» sous les verges qui l'ont mis en sang!
» Le tyran! le tigre! Sous des formes si
» raisonnables, si douces! » La main de la femme de chambre fit disparaître les traces du sang de l'infortuné De Lâtre, et le châtiment n'en laissait aucune. La colère de madame Du Perron tomba; elle convint que M. De Lâtre avait été juste; mais les démarches que fit son mari, pour rétablir Edmond dans son école, furent inutiles. Le maître répondit constamment que l'expulsion de cet enfant était indispensable pour servir d'exemple aux autres, et le maître avait

raison. Edmond entrait dans sa onzième année ; il pensait, et il fut profondément sensible à la honte d'être chassé de son école.

𝔈𝔡𝔪𝔬𝔫𝔡 𝔢𝔫𝔱𝔯𝔢 𝔞𝔲 ℭ𝔬𝔩𝔩é𝔤𝔢.

Le lieutenant-colonel Robert, plein de reconnaissance du service que M. Du Perron avait rendu à son fils, allait le voir quelquefois. Né, à peu près, dans les camps, sa première éducation avait été très-négligée. La nature l'avait doué d'un sens droit et d'un jugement sain. Il avait lu, pendant les années de loisir qu'on lui avait procurées malgré lui, et il n'était pas du tout déplacé dans la bonne compagnie. Madame Du Perron le recevait avec plaisir.

Le colonel arriva chez elle le lendemain du jour où Edmond s'était fait chasser de chez M. De Lâtre. L'enfant éprouvait encore toute la vivacité de ses premiers regrets; son père et sa mère, touchés de son état, raisonnaient devant lui sur le parti qu'on prendrait à son égard. Ils convinrent qu'il n'y en avait qu'un : c'était de le mettre dans un collége, s'il était en état d'être reçu en septième. Son père l'examina sur le peu de latin que lui avait appris M. De Lâtre, et il prononça qu'il ne faisait pas mal un petit thème, un petite version; c'était tout ce qu'il fallait. Il ne s'agissait plus que de savoir pour quel collége on se prononcerait, quand le colonel entra.

Après les complimens d'usage, on reprit la conversation où elle en était restée. « Je suis étonné, dit M. Robert, que
» vous n'ayez pas fixé d'abord votre
» choix sur le collége de Louis-le-Grand.
» Mon fils y est; il a de l'amitié pour
» Edmond, et il porte aux parens de son
» camarade un sentiment de vénération
» qui ne s'éteindra qu'avec lui. — Hé!
» le colonel a raison. — Sans doute il a
» raison. Robert sera le conseil, le jeune
» mentor d'Edmond. — Comment les
» idées les plus simples ne se présentent-
» elles pas d'abord? Colonel, montons,
» avec Edmond, dans mon cabriolet,
» et allons le proposer à M. le proviseur du collége de Louis-le-Grand.
» Nous reviendrons tous trois dîner
» ici. »

On part, on arrive au collége, on voit le proviseur, et il est arrêté que le lendemain Edmond sera admis au nombre des pensionnaires.

Le colonel était père, bon père : il était naturel qu'il profitât de l'occasion qui s'offrait, pour s'informer de la conduite et des progrès de son fils. Le proviseur parla longuement de Robert, et il s'exprima avec ce ton de satisfaction, de complaisance qui annonce un supérieur fier de son élève. « Robert est des-
» tiné à faire le plus grand honneur à
» notre collége, mais il ne se bornera
» pas à être un homme instruit. Ses qua-
» lités morales lui obtiendront l'estime
» de tous les êtres qui pensent bien. Un
» maître d'études a entendu la conver-
» sation qu'a eue Robert avec un de ses
» camarades, pendant une récréation.
» Ils étaient assis sous un tilleul ; ils se
» parlaient confidentiellement, parce
» qu'ils ne croyaient pas qu'on pût les

» entendre. Mon père et ma mère, disait
» Robert, sont très-loin d'être riches.
» Ma mère, beaucoup plus jeune que
» mon père, sera sans ressources quand
» elle le perdra; mais si le bon Dieu,
» que je prie pour eux tous les jours,
» nous le laisse encore quelques années,
» je serai en état de soutenir honora-
» blement ma mère. Je travaille, pour
» arriver à ce but, avec un courage que
» rien n'altérera jamais. Si, quand je se-
» rai un homme, je les possède encore
» tous les deux, ils ne seront plus ré-
» duits à un simple plat de légumes ;
» c'est moi qui me chargerai de la dé-
» pense, et mon pauvre père ne retour-
» nera plus son ruban rouge, quand la
» couleur sera passée d'un côté. »

» Vous sentez, Messieurs, que je vous
» rends les choses comme le maître d'é-
» tudes me les a rapportées. Je regrette

» que cette conversation soit dépouillée
» de la naïveté de l'enfance, et de la sen-
» sibité profonde dont Robert était pé-
» nétré en parlant. »

De grosses larmes roulaient dans les yeux du colonel. M. Du Pêrron lui pressait affectueusement la main, Edmond était ému. Le proviseur sonna, et, un moment après, cet enfant estimable était dans les bras de son père. Avec quelle tendresse, quelle satisfaction le colonel le pressa sur son cœur! Robert s'approcha ensuite respectueusement de M. Du Perron. Il allait lui baiser la main.... Il ne le souffrit pas, et l'embrassa à son tour. Vint enfin celui d'Edmond. Robert sauta de joie, quand il sut que son ancien camarade entrait dans son collége. « Sois bon garçon, lui
» dit-il, et écoute-moi ; tu verras que
» tout ira bien. »

On ne sort du collége que tous les quinze jours. M. Du Perron demanda qu'il fût permis à Robert d'accompagner son fils. Le colonel fronça le sourcil. «Je vous entends, lui dit M. Du Per-
» ron : vous n'avez votre fils qu'une fois
» par quinzaine, et vous ne voulez pas
» que ce jour soit perdu pour vous, pour
» sa mère et pour lui. Il ne le sera pas.
» Ma femme ira inviter madame Robert
» à se réunir à nous tous.» Le sourire reparut sur les lèvres du colonel.

Ah! pensait M. Du Perron en le ramenant chez lui, avoir fait quinze campagnes, et être réduit à un plat de légumes! Cela changera. Je ne peux lui offrir d'argent, je l'humilierais; mais j'ai quarante mille livres de rente, et ma maison sera la sienne. Je sens qu'on ne s'ennuie plus quand on fait du bien. Ainsi, un changement total dans la manière d'être de M. Du Perron fut l'ouvrage d'un enfant studieux et pénétré du sentiment de la piété filiale.

Madame Du Perron se fâcha, quand elle sut que son fils entrait dès le lendemain au collége. « Quoi ! passer
» subitement d'une bonne table à une
» mauvaise nourriture ? — Ma chère
» amie, que la pénible transition ait lieu
» demain ou un autre jour, il faudra
» toujours qu'elle se fasse. — Madame,
» reprit le colonel, on se fait à tout,
» et plus facilement que vous ne le croyez.
» J'ai mangé du pain sec quand j'étais
» soldat, et je n'en avais pas tous les
» jours. J'en ai mangé étant dans les gra-
» des, et les privations de plus d'une es-
» pèce ne m'empêchaient pas de me bien
» porter, et d'aller gaîment au feu. —
» Cela est très-bien, Monsieur; mais mon
» fils !.... — Savez-vous, Madame, à quoi

» il est destiné ? Croyez - moi, accoutu-
» mez-le de bonne heure à vivre comme
» s'il n'avait pas de fortune à espérer; il
» s'en trouvera bien à toutes les époques
» de sa vie. »

Madame Du Perron sentait bien que le colonel était un homme raisonnable; mais sa raison ne s'accordait pas du tout avec un cœur maternel. Cependant Edmond fut installé le lendemain au collége de Louis-le-Grand. On sent bien que sa mère avait tout prévu, surtout de lui épargner le désagrément de manger du pain sec à son déjeuner, quoique le colonel s'en fût bien trouvé. La pièce de deux francs devait lui être délivrée toutes les semaines; la tendre maman prétendait que cela ne suffisait pas; le père prétendit que c'était assez, et il ne cédait pas quand il était certain d'avoir raison.

On sent encore que madame Du Perron voulut accompagner son fils jusqu'au collége, et son mari ne lui refusa point cette satisfaction. L'affection maternelle convoqua les domestiques de tous les genres qui étaient employés au collége ; elle leur recommanda Edmond, dans les termes les plus pressans, et leur promit des marques sensibles de sa reconnaissance. La seconde partie de son discours fut la seule qu'on entendit; la première ne frappa que l'air. En effet, si de nombreux domestiques s'attachaient à un seul enfant, que deviendraient les autres? Avant que ces gens, très-empressés de retourner à leur service, parce que le proviseur n'était pas facile, la quittassent, madame Du Perron leur donna un à-compte sur ce qu'elle venait de promettre. Son argent fut reçu, mis dans la poche, et, d'une douzaine d'individus qui l'entouraient, il ne resta auprès d'elle que son mari et son fils. Un maître d'étude tenait déjà Edmond par la main. Il laissa à peine à sa mère le temps de l'embrasser cinq à six fois; il l'entraîna, et madame Du Perron poussa un profond soupir, quand le portier se plaça entre elle et son fils.

Edmond entrait dans un monde nouveau pour lui. Dépendant de tout ce qui l'entourait, gêné, contraint dans ses goûts par des maîtres de toutes les classes, il ne retrouvait d'égaux que pendant les récréations, et encore un argus surveillait ces enfans dans les momens d'abandon. La cloche les appela tous au réfectoire. Edmond avait bien déjeuné avant de sortir de chez lui; le dîner lui parut détestable, et il ne mangea pas. La cloche sonnait à toutes les heures de la journée; elle appelait les élèves à l'étude, aux repas, au plaisir, au coucher, au lever. Ce son déplut singulièrement à Edmond.

Robert était en cinquième : ainsi il ne pouvait avoir de communication avec Edmond que pendant les récréations. Il fallait, pour cela, qu'il quittât ses camarades de classe, et qu'il allât chercher ceux qu'on appelait *les petits*, autant à cause du peu d'instruction qu'ils avaient acquis qu'en raison de leur âge. Le premier soin de Robert, maître de ses actions, fut de démêler, dans la troupe enfantine, son camarade de chez M. De Lâtre. Le premier soin d'Edmond fut de lui confier l'impression défavorable, le sentiment de tristesse que lui inspirait tout ce qui était autour de lui. « Mon cher Edmond, notre professeur » nous a dit ce matin, en propres termes : » L'homme vivant en société est dans une » dépendance continuelle; il doit s'y sou-

» mettre, à peine d'être malheureux. —
» Ton maître ne sait ce qu'il dit : je vi-
» vais en société chez maman, et ce n'est
» pas moi qui étais dépendant. — Tant
» pis pour ta maman et pour toi. Vous
» souffrez à présent, l'un et l'autre, parce
» que vous n'étiez pas ce que vous deviez
» être. — Je crois que tu veux me prê-
» cher. — J'ai un an de plus que toi. —
» Ce n'est pas une raison pour me fati-
» guer. — Mon amitié t'est-elle à charge?
» — Non, mon bon Robert, non; je n'ai
» plus que toi au monde. — Ecoute-moi
» donc. » On voit avec quelle rapidité
Robert se formait.

« Tu te plains d'être gêné ici. Pense
» donc au chaos qu'offrirait une maison
» où chaque élève suivrait ses caprices.
» Tu ne peux supporter le son de la clo-
» che. Hé! mon ami, elle nous avertit de ce
» que nous avons à faire : tu vois bien

» qu'elle est utile. Veux-tu qu'à chaque
» heure des maîtres courent après les
» écoliers, les appellent par leur nom,
» et leur disent : Faites ceci ; faites cela ?
» La chose est impossible.

» Tu n'as pas dîné, parce que tu n'a-
» vais pas faim. Je t'attends au souper.—
» Je ne souperai pas. Ces plats grossiers
» me dégoûtent. — Tu finiras par les
» trouver bons. Adieu, Edmond ; je re-
» tourne au travail.—Quoi ! pendant la
» récréation !—Mon ami, j'en perds la
» moitié pour conserver ma santé ; je
» donne l'autre moitié à mes parens. »
Edmond l'embrassa.

Il ne murmura pas, quand la cloche
sonna le souper. Il n'avait rien pris depuis le matin, et il courut au réfectoire.
Le souper ne valait pas mieux que le
dîner ; mais un bon appétit est un excellent cuisinier. Après le repas, vint la

récréation. Robert arriva avec sa balle: c'était le seul moyen qu'il eût de se procurer de l'exercice. Il fit la partie d'Edmond, et lui parla quelquefois raison, en relevant la balle au bond pour la renvoyer contre le mur. La demi-heure sonna, et Robert souhaita le bonsoir à son camarade.

Edmond essaya de se lier avec quelques-uns de ses condiciples, dont la figure lui plaisait. Entre enfans, la connaissance est bientôt faite. Mais Edmond était maladroit à tous les jeux, et la raillerie pleut dans les cours de collége. Edmond, rebuté, se proposa de prendre des leçons de jeu de Robert. Il le jugeait propre à tout, et il ne se trompait pas.

La cloche avertit Edmond qu'il fallait aller s'occuper du devoir du soir. Il soigna le sien; mais cependant il se félicita quand cette cloche annonça l'heure de monter au dortoir. Un sommeil franc est la suite et la récompense du travail.

M. Du Perron proposa à sa femme d'aller rendre une visite à madame Robert. « Cette prévenance la flattera, dit-il, et c'est à ceux qui sont au dessus à tendre la main à ceux qui sont au dessous. » Madame Du Perron se prêta facilement à ce que désirait son mari, et ils partirent.

Madame Robert fut étonnée et confuse, quand M. et madame Du Perron entrèrent chez elle. Tout en eux annonçait l'opulence, et ses meubles, ses vêtemens, touchaient à l'extrême médiocrité. Cependant tout était d'une grande propreté dans ce logis resserré, et placé sous le toit. Une figure pleine de candeur, attrayante sans être belle, attira madame Du Perron, et lui fit franchir l'intervalle que la pauvreté établit toujours entre elle et la richesse : on n'est à son aise qu'avec ses égaux. Madame Du Perron embrassa affectueusement madame Robert, s'assit auprès d'elle, lui prit la main, et causa avec autant d'aisance que si elles se fussent déjà connues. La bonté naturelle de madame Du Perron la détermina autant que je ne sais quel instinct qui nous donne de la confiance envers nos inférieurs. Madame Robert, rassurée, s'exprima avec modestie, avec pureté, avec reconnaissance. M. Du Perron, M. Robert, qui rentra, se mêlèrent à la conversation, et les propriétaires de la rue de Tournon sentirent que le bonheur est partout, quand on sait borner ses désirs et se conformer à sa situation.

M. Du Perron parla du projet de se réunir deux dimanches du mois, de les passer en famille, de les consacrer ex-

clusivement aux plaisirs du cœur. Le colonel accepta franchement la proposition ; madame Robert hésita. Les femmes ont un tact sûr pour démêler, dans celles qui les approchent, ces petits combats que se livrent l'amour-propre et les affections du cœur; madame Du Perron pensa que la robe moins que simple de madame Robert causait seule son hésitation.« Madame, lui dit-elle, nous
» serons entre nous, absolument entre
» nous. — Vous avez des domestiques,
» une femme de chambre....—Madame,
» si mon mari portait la noble cicatrice
» qui décore la joue du vôtre, s'il avait
» conquis sur le champ de bataille l'étoile
» de l'honneur, je n'aurais pas besoin de
» toilette, et peut-être parviendrais-je
» à me passer de domestiques. Au reste,
» les nôtres respectent ceux à qui nous
» témoignons beaucoup d'estime. » Ma-

dame Robert embrassa madame Du Perron à son tour, et ces petites fêtes du cœur furent aussitôt arrêtées.

M. Du Perron crut que la seconde proposition, qu'il voulait faire à sa femme, passerait aussi facilement que la première; il se trompa. Il lui parla, quand ils furent rentrés chez eux, de leur entresol qui ne leur était pas très-utile, et dont il était facile de détacher deux ou trois pièces pour le colonel et sa femme. Madame Du Perron rejeta cette idée d'une manière positive. « Vous voulez
» donc, mon ami, que les personnes que
» nous voyons habituellement, et dont
» quelques-unes nous sont chères, s'é-
» loignent de chez nous. On fuit la pau-
» vreté, sous quelque forme estimable
» qu'elle se présente.—Mais, ma chère
» amie, madame Robert a trop de dis-
» crétion pour se présenter chez nous,

» quand nous aurons du monde.—Mais
» quand il en viendra que nous n'aurons
» pas attendu, et que madame Robert
» sera seule avec nous? Pour qui la pren-
» dra-t-on?—Vous la nommerez.—Vous
» voulez que je raconte à toutes vos con-
» naissances son histoire et celle de son
» mari? Quel effet, d'ailleurs, cela pro-
» duira-t-il? La petite robe, toute propre
» qu'elle est, aura fixé l'opinion. Et puis,
» je suis bien aise d'être maîtresse chez
» moi. Décidément, mon ami, cela ne se
» peut pas; cela ne se peut pas absolu-
» ment.—Hé bien! madame, je ferai des
» efforts, j'en ferai de soutenus, je mul-
» tiplierai les démarches pour leur pro-
» curer une existence honorable, et
» peut-être ceux à qui ils inspireraient
» de l'éloignement à présent, les recher-
» cheront-ils un jour avec empresse-
» ment.—Je le désire, mon ami. »

Revenons à Edmond et à son camarade Robert. Edmond avait un caractère facile, et il se rendait volontiers aux insinuations de celui qui lui parlait le dernier. Il s'était lié, assez particulièrement, avec Auguste Letourneur. Ils étaient du même âge et de la même classe. Auguste était paresseux et espiègle. Il n'aurait rien fait sans la crainte des *pensum*, et sans celle de la prison il eût fait tous les jours quelque tour d'écolier. Il applaudissait de tout son cœur à ceux qui s'en permettaient. Il les y excitait même secrètement, semblable au singe de La Fontaine qui se sert de la pate du chat pour tirer les marrons du feu. Robert était aussi pénétrant qu'on peut l'être à son âge, et il devina l'espèce d'hypocrisie d'Auguste. Pendant la première partie de la récréation, qu'il consacrait au fils de son bienfaiteur, il prémunissait Edmond contre ce qu'il pouvait entendre pendant la dernière moitié. Quelquefois, il lui répétait en riant, d'après M. De Lâtre : « Mon ami, ces petits faiseurs de » *pensum*-là ne sont pas bons à grand » chose. »

Aux deux petites fêtes de famille qui se donnaient chaque mois chez M. Duperron, Robert s'emparait exclusivement de son jeune ami, et, le soir, Edmond rentrait au collége dans les meilleures dispositions.

A la seconde de ces fêtes, une scène d'attendrissement, de reconnaissance, agita tous les cœurs d'un sentiment délicieux. M. Du Perron avait étudié avec des banquiers, des évêques, des gardes-des-sceaux. Il recommandait le colonel à tous ceux qu'il approchait; il cherchait ceux qu'il avait perdus de vue depuis long-temps, et cela arrive souvent à

Paris. On s'y perd sans chagrin, on s'y retrouve sans plaisir, ce qui prouve que l'amitié véritable est rare. Heureux qui, comme Edmond, trouve un Robert; puisse-t-il le conserver toute sa vie !

En général, ceux dont on sollicite les bons offices ne sont pas fâchés que le sujet qu'on leur recommande n'ait aucune des qualités requises pour l'emploi qu'il voudrait obtenir : cela met fin aux sollicitations en deux mots. Ainsi, à l'égard des banquiers, le colonel ne savait pas chiffrer. A l'égard des évêques, il était marié, et ne pouvait avoir droit qu'à des aumônes; or un brave officier n'en reçoit pas. A l'égard du garde-des-sceaux, le colonel n'avait pas la moindre idée du code civil ou criminel. M. Du Perron se grattait l'oreille en écoutant ces objections, auxquelles il n'avait rien à répondre; mais il ne se décourageait pas, et quand on veut fortement le bien, on finit toujours par le faire.

L'orgueil donne souvent à Paris de grands dîners à des personnages qu'on connaît peu, et qu'on n'estime pas toujours beaucoup. Ces convives, rassemblés presque au hasard, se répandent le lendemain dans différens quartiers, et y louent la magnificence de monsieur un tel. C'est ce que veut celui qui a dépensé la veille mille francs qu'il pouvait mieux employer.

M. Du Perron avait été invité à l'un de ces dîners-là, quelques jours avant celui où les Robert et son fils devaient se rassembler chez lui. L'homme qui traitait avait été employé dans les fournitures de l'armée; ainsi il n'était pas étonnant que le ministre de la guerre fût au nombre des convives. M. Du

Perron n'avait aucune recommandation auprès de lui; mais il se proposa aussitôt de tirer un grand parti de la circonstance.

Pour être disposé à écouter favorablement quelqu'un, il faut avoir bien dîné et avoir pris son café. On est presque toujours facile quand le physique et le moral sont également satisfaits. Malheur au solliciteur qui demanderait quelque chose avant qu'on se mît à table ! Il serait infailliblement refusé, avec plus ou moins de politesse. M. Du Perron attendit donc que le café eût produit son effet, et qu'il eût porté la gaîté au cerveau de monseigneur.

Il tira le ministre à l'écart. Il lui dit qu'on parlait beaucoup dans le public d'une grande expédition militaire. Le ministre ne répondit ni oui, ni non. M. Du Perron ajouta que les neuf dixièmes de nos soldats n'avaient jamais vu le feu, et le ministre en convint. M. Du Perron ajouta encore qu'il était de la plus haute importance de mettre à leur tête des officiers d'une valeur et d'une expérience reconnues. Le ministre convint aussi de cela. M. Du Perron nomma le lieutenant-colonel Robert. Il parla de sa valeur et de ses talens militaires, avec la chaleur qu'inspirent l'estime et l'amitié. Il loua son dévouement, qu'il ne connaissait pas trop; mais il savait que son ami était homme d'honneur. « Quel âge a-t-il? — Mais environ cin- » quante ans. — C'est beaucoup. — Il est » constitué de manière à faire encore » dix campagnes. — Vous me répondez » de tout ce que vous avancez en faveur » du colonel? — J'en réponds sur ma » tête. »

M. Du Perron, je l'ai déjà dit, était

aimable, il était même homme à saillies, et, pendant le dîner, il avait disposé le ministre en sa faveur. Monseigneur tira de sa poche son agenda, et écrivit quelques mots au crayon. Il finit en priant M. Du Perron de lui donner son adresse. Qu'en voulait-il faire? c'est ce que nous verrons bientôt.

Le second dimanche de mai, jour de réunion des deux familles, jour à jamais mémorable pour les uns et les autres, les Robert étaient entrés chez M. Du Perron. On allait se mettre à table.

Champagne annonce un envoyé des bureaux de la guerre. Il était porteur d'un paquet cacheté, dont il demandait un reçu. M. Du Perron le donne, et ouvre la dépêche. Un billet du ministre ne contenait que peu de lignes; mais qu'elles étaient intéressantes! « Les notes déposées dans mes bureaux sont extrêmement avantageuses au lieutenant-colonel Robert. Il aimera mieux recevoir son nouveau brevet de la main d'un ami comme vous que de la mienne. »

A ce billet était joint le brevet de colonel d'un régiment qu'on formait à Strasbourg. Le précieux papier tombe des mains de M. Du Perron. Le saisissement, la joie..... On est si heureux du bien qu'on vient de faire! Le colonel, sa femme, leur fils, étaient dans les bras de monsieur, de madame Du Perron, d'Edmond. Des larmes coulaient de tous les yeux. On se quittait pour s'embrasser encore, et tout cela parce que, je le répète, le colonel avait un fils studieux et plein d'amour pour ses parens.

On trouva au fond de l'enveloppe un troisième papier. Il contenait l'ordre au colonel de partir dans les quarante-huit heures pour joindre son régiment. Pourquoi le bonheur est-il si peu durable? Vous le savez, jeunes enns: un joujou nouveau vous enchante; le lendemain, il vous touche moins; le troisième jour, il est délaissé. Après la lecture de cet ordre, les larmes de la joie se séchèrent dans tous les yeux. On se regardait avec anxiété. Le colonel, très-sérieux, mais dans une attitude noble et fière, semblait exprimer la volonté de mériter le grade, si inattendu, que M. Du Perron venait d'obtenir pour lui.

Madame Robert soupirait. « Quand
» je vous ai épousé, dit-elle à son mari,
» vous n'aviez rien à attendre des fa-
» veurs de la cour. Nous vivions pauvres,
» mais heureux. Vous voilà lancé de
» nouveau dans les honneurs et les dan-
» gers. Vous voudrez suivre, d'une ma-
» nière brillante, la carrière qui se rou-

» vre devant vous. Je vous perdrai, et je
» ne me consolerai jamais. »

La première impression n'était pas dissipée. Les soupirs, les larmes de madame Robert tombèrent sur le cœur de madame Du Perron. Elle oublia l'effet désagréable que devait produire sur ses amies, sur ses connaissances, la petite robe de madame Robert. Elle la pressa sur son cœur; elle lui fit voir son mari se distinguant, et parvenant au grade de maréchal de camp. « Et s'il est tué,
» Madame? — Il vous lèguera sa gloire
» et son fils. — Ah! son fils!... Mais qui
» remplacera son père? — Nous, qui
» sommes vos meilleurs et peut-être
» vos seuls amis. De ce moment, vous
» ne nous quitterez plus; notre maison
» est la vôtre. »

Du Perron se précipite dans les bras de sa femme; le colonel se saisit d'une main de la jeune dame, et la baise avec transport. Edmond et Robert sont dans les bras l'un de l'autre. M. et madame Du Perron, frappés de la même idée, sortent du salon, sans se dire un mot. Ils rentrent, un moment après.

« Voilà, ma chère amie, dit la jeune
» dame, quelques robes en pièces dont
» je peux me passer, et dont vous avez
» besoin. Acceptez-les... Ne rougissez pas.
» Les dons de l'amitié n'humilient jamais.
» Vous n'avez que quarante-huit heu-
» res à vous, dit Du Perron au colonel. Il
» faut vous équiper, et faire le voyage
» d'ici à Strasbourg. Voilà deux billets de
» mille francs.... Vous froncez le sourcil,
» Monsieur. C'est un prêt que je vous fais,
» et, dans votre position, vous ne pou-
» vez vous dispenser de le recevoir. — Je
» le sens, mon digne ami, je le sens ; oui,
» c'est un prêt. Je m'acquitterai, ou je

» perdrai la vie. Je vous recommande ma
» femme et mon fils. » On se jette de
nouveau dans les bras les uns des autres.
Le jeune Robert est aux pieds de M. Du
Perron, qui les sent mouillés des larmes
de l'estimable enfant. « Assez, assez!
» s'écrie-t-il. Ne prolongeons pas davan-
» tage cette scène de douleur et de plai-
» sir. A table, mes amis! à table! » Le
dîner était froid ou brûlé, et cependant
il fut trouvé excellent. Quel dîner à pré-
tention pourrait valoir celui-là?

Le soir, les deux enfans rentrèrent
gaîment au collége. Le lendemain, madame Robert fut installée dans trois
pièces de l'entresol, fort bien arrangées,
quoiqu'elles l'eussent été avec précipita-
tion. Le surlendemain, le colonel était
monté dans la malle-poste.

Les adieux avaient été touchans. On
en parla le reste du jour; on en parla

encore le lendemain ; et, en attendant une lettre du colonel, mesdames Robert et Du Perron faisaient tout ce qui était en leur pouvoir pour se rendre la vie agréable.

Huit jours après le départ du colonel, sa femme reçut une lettre qui lui annonçait que l'armée allait passer le Rhin. Ses craintes se renouvelèrent. Madame Du Perron la calmait, pour un moment, par mille observations propres à la rassurer ; le sourire reparaissait sur ses lèvres, et bientôt des larmes roulaient dans ses yeux. Quelques jours se passèrent dans ces alternatives. Madame Du Perron tenait une bonne maison ; elle appela les distractions chez elle, et madame Robert ne parut pas déplacée dans un certain monde. Présentée à tous comme l'épouse d'un colonel en activité de service ; douée d'un extérieur agréable, elle obtenait les égards qui font naître la confiance ; on déploie alors une intelligence, des moyens qu'étouffe toujours une timidité déplacée. Jeunes enfans, ne soyez jamais orgueilleux ; mais ayez le sentiment secret de ce que vous valez.

Tout allait au mieux au collége. Les scènes qui s'étaient passées chez M. Du Perron n'avaient pas été perdues pour son fils ; elles avaient touché son cœur ; elles l'avaient ouvert aux sages conseils, aux représentations de Robert. Edmond rejetait, avec fermeté, les dangereuses insinuations d'Auguste. Celui-ci n'était pas réellement méchant ; mais il avait un goût décidé pour tous les genres d'espièglerie. Fatigué de l'inutilité de ses efforts auprès d'Edmond, il les tourna vers un autre de ses camarades.

Fidèle au plan qu'il s'était tracé, Robert ne manquait jamais de sacrifier à son ami la moitié de ses récréations. Edmond, qu'Auguste n'obsédait plus, travaillait avec ardeur. Il était heureusement organisé, et bientôt il obtint la sixième place de sa classe, composée de quarante écoliers. Il apporta cette bonne nouvelle à ses parens, le premier dimanche qui termina la quinzaine. Il les trouva dans la joie.

Le colonel avait écrit : « Je me suis » battu aujourd'hui pendant huit heures, » et je me porte à merveille. » Le bulletin de l'armée était arrivé quatre jours après la lettre. Madame Robert en avait soigneusement conservé un exemplaire. Elle le donna à lire à son fils. Voilà ce qu'il disait.

Toute l'armée s'était battue avec la plus grande bravoure. Le colonel Robert avait reçu l'ordre de monter à l'assaut d'une forteresse, qui se défendait vigoureusement. Son régiment fut repoussé deux fois. Le colonel arracha son drapeau des mains de celui qui le portait. Il s'élança une troisième fois sur la brèche, en s'écriant : « Soldats, venez défendre » et sauver votre drapeau. » A ce cri, un Français ne recule jamais. La forteresse fut enlevée à la baïonnette.

Le jeune Robert ne se possédait pas en lisant. Sa figure était rayonnante. Il s'élevait sur la pointe des pieds ; il croyait se grandir, et se mettre au niveau de son brave père. Pendant toute la journée, il déraisonna sur les récompenses qui attendaient le colonel : « Mon fils, lui dit » enfin sa mère, ton père a gagné ce » jour-là le grade qui lui a été conféré. » Puisse-t-il échapper aux nouveaux dan- » gers dans lesquels il va se précipiter ! »

Trois mois s'écoulèrent sans qu'on

reçût de nouvelles importantes de l'armée. Pendant ce temps, Edmond fut une fois le premier de sa classe; Robert le fut constamment de la sienne, et ses rivaux de zèle et d'intelligence tombèrent enfin dans le découragement. Ils ne travaillaient plus que mollement, pour arriver à un but qu'ils désespéraient d'atteindre. Le proviseur du collége fit passer Robert en quatrième, quoiqu'on ne fût qu'au milieu de l'année scolastique. L'émulation se rétablit dans la cinquième ; mais tout changea pour Edmond.

Robert, toujours au dessus de ses camarades en cinquième, se trouva faible dans une classe supérieure, et il avait la noble émulation d'enlever plusieurs prix. Plus de récréations pour le digne enfant. Il donnait toute la journée à l'étude. Son maître d'études voulut le contraindre à partager les amusemens de ses condisciples. Robert mettait un livre dans sa poche, et allait se cacher derrière un arbre isolé. Là, il étudiait autant qu'on peut le faire sans plume et sans papier. Edmond ne le voyait plus : il lui écrivit. Robert vint le trouver, et fut touché de ses plaintes. Il lui promit un quart d'heure à chaque récréation. On dit beaucoup de choses en un quart d'heure, quand on parle à quelqu'un qui veut bien entendre, et Edmond saisissait tout ce que son ami lui disait de bon. Les efforts que faisait Auguste pour le détourner de la bonne voie furent inutiles pendant quelque temps.

Robert était fortement constitué. Cependant le genre de vie qu'il s'était imposé altéra insensiblement sa santé. Il le sentit et cacha soigneusement son état; mais il ne pouvait échapper long-temps à des yeux observateurs et clairvoyans.

Malgré sa résistance, on le fit passer à l'infirmerie.

Il n'avait là aucun moyen de travailler d'une manière soutenue; mais il y trouva un rhétoricien, qui bientôt conçut de l'amitié pour lui. Robert lui parlait du latin, du grec, de la géographie, de l'histoire; son camarade d'infirmerie lui répondait avec complaisance. On se fatigue peu en causant, et tous les jours Robert apprenait quelque chose de nouveau.

Cependant le pauvre Edmond était livré à lui-même, ou plutôt il était en butte à toutes les séductions d'Auguste. Cet enfant, nous l'avons déjà dit, était paresseux et espiègle; mais il redoutait les punitions, et il avait le plus grand soin de se mettre à l'abri des soupçons. Il avoit de mauvaises habitudes, entre autres celle de remettre au lendemain ce qu'il pouvait, ce qu'il devait faire dans la journée. Obligé d'être à sa place, comme les autres, pendant les heures d'étude, il s'y amusait de lectures futiles, et le lendemain il était obligé de se lever avant ses camarades, pour faire ses devoirs. Cela lui déplaisait; mais il oubliait ce désagrément en se livrant pendant la journée à toutes les dissipations qu'il pouvait se procurer.

Edmond trouva bientôt qu'il était commode de partager ses plaisirs, et, comme lui, il contracta l'habitude de remettre son travail obligé au lendemain. La crainte de ne pas s'éveiller assez tôt le faisait dormir d'un sommeil souvent interrompu; le devoir se faisait vite, et par conséquent mal. A la fin de la semaine, Edmond fut le trentième de sa classe, et Auguste le dernier.

Il furent choqués de ce revers; il n'y

avait qu'un moyen de le réparer : c'était de changer de conduite, et c'est à quoi ils ne pensèrent pas. Ils cherchèrent à se procurer le temps nécessaire pour bien faire leurs devoirs le matin, et Auguste, très-inventif, proposa à son camarade de couper la corde de la cloche qui sonne le lever, et les autres occupations de la journée. Edmond adopta ce projet avec transport, et ces petits messieurs arrêtèrent de l'exécuter la nuit suivante. Il était clair pour eux que, tant que la cloche ne sonne pas, chacun reste dans son lit.

Ils combattirent le sommeil, et quand ils entendirent sonner minuit, ils sortirent du lit en chemise, et, armés d'un couteau de poche, ils traversèrent le dortoir. Près la porte d'entrée et de sortie était un cabinet où couchait un maître; il dormait profondément, et il n'entendit rien : deux enfans qui n'ont pas de souliers, et qui connaissent parfaitement la distribution des lieux, ne font pas grand bruit.

Ils arrivent sous la cloche, à laquelle ils vont imposer silence. Auguste fait ce qu'on apppelle, en termes d'écolier, la courte échelle. Edmond s'attache à lui, et en deux sauts il se trouve d'aplomb sur ses épaules. Auguste allonge un bras et lui donne le couteau, leur innocent complice. Il coupait mal, et le cordeau était solide. Edmond le hachonne, et met en mouvement le battant de la cloche; elle résonne cinq à six fois. Auguste se dérobe de dessous Edmond, et court se remettre dans son lit.

Edmond tombe pesamment; un de ses pieds porte sur un caillou tranchant, qui lui fait une blessure profonde. Il s'éloigne lentement, péniblement, en se plaignant de l'abandon où l'a laissé son camarade. Auguste ne pensait déjà plus à lui.

Le malheureux enfant se recouche; le sommeil fuit loin de lui; il sent ses draps humectés de sang, et il n'ose appeler du secours.

Le domestique, chargé de sonner le réveil, se rend à son poste. Le cordeau ne tenait plus qu'à un fil; il tombe au premier effort du sonneur. Celui-ci étonné le regarde, et il est convaincu qu'il a été coupé; mais par qui?

Il examine le terrain, et voit des traces de sang; il les suit jusqu'à l'entrée du dortoir; il entre dans le cabinet du maître, il l'éveille, et lui raconte ce qu'il a vu. Le maître s'habille à la hâte, suit à son tour les taches de sang, et s'arrête devant le lit d'Edmond. Le malheureux enfant feignait de dormir.

Le maître courut avertir le censeur, et le censeur se pressa d'avertir le proviseur de ce qui s'était passé. Ce chef se rendit au lit d'Edmond ; il arracha draps et couverture ; il prit et examina le pied blessé. Il y trouva une coupure très-forte, mais qui n'avait rien d'inquiétant. Il fit porter Edmond à l'infirmerie.

Le voilà en face de Robert, dont le premier regard le fit rougir : Edmond n'avait pas perdu encore la candeur de l'enfance. « Je ne sais quelle faute tu as
» commise, lui dit son ami, mais ta rou-
» geur m'annonce que tu en as fait une,
» et, tu le vois, toute faute entraîne après
» elle sa punition. » Edmond confus, Edmond que la douleur rendait repentant, avoua tout à Robert.

Le rhétoricien leva les épaules. « In-
» sensés que vous êtes, avez-vous pré-
» sumé que cette corde coupée ne se-

» rait pas aussitôt remplacée par une
» autre ? »

Edmond reçut une vive mercuriale du rhétoricien et de son ami, et à chaque phrase qu'ils lui adressaient, il répondait : » C'est vrai.... Vous avez raison....
» Je ne me laisserai plus entraîner à
» faire le mal. Tu as donc un com-
» plice ? lui dit Robert. Oh ! je crois le
» connaître. Le malheureux ! Gardez-
» vous de le nommer, poursuivit le rhé-
» toricien. Subissez la peine qu'on vous
» infligera, et souvenez-vous que tout
» délateur est un homme infâme. »

Pendant que les uns parlaient morale, et que l'autre les écoutait avec soumission, le proviseur rentra à l'infirmerie, accompagné du chirurgien de la maison. A la première inspection de la plaie, ce dernier prononça que dans quinze jours elle serait fermée. « Vous êtes assez puni,

» dit le proviseur à Edmond, par ce que
» vous avez souffert, et parce que vous
» souffrirez encore. Mais la corde de la
» cloche a été coupée à sept pieds de haut,
» et il n'y a pas d'échelle dans cette cour.
» Vous avez donc un complice; je vous
» ordonne de le nommer. » Edmond
baissa les yeux, et répondit d'une voix
timide : « Un délateur est un homme
» infâme.—Cette pensée, cette expression
» ne sont pas de vous. Qui vous a dit cela?»
Edmond baissa les yeux de nouveau, et
ne répondit pas un mot.

« Le principe que vous venez d'éta-
» blir, lui dit le proviseur, est vrai en
» général; mais il est soumis à des ex-
» ceptions. Si vous saviez, par exemple,
» que quelqu'un voulût attenter à la
» vie de votre ami Robert, ne me le
» nommeriez-vous pas?—Je courrais au
» devant de vous pour le dénoncer.—

» Eh bien! mon enfant, apprenez qu'un
» élève, mauvais sujet, est l'empoison-
» neur moral de tous les enfans qui l'en-
» tourent. Je vous connais assez pour
» croire que vous avez été entraîné;
» nommez votre séducteur. » Edmond
persista à garder le silence.

« Vous ne voulez pas avoir le mérite
» de la sincérité? Je connaîtrai la vérité
» malgré vous. Voyez-vous ce couteau?
» Le sonneur l'a trouvé à terre, sous la
» cloche. Est-ce le vôtre?—Non, Mon-
» sieur.—A qui appartient-il?....... Vous
» vous taisez? Vous persistez dans un
» coupable et inutile silence?..... Je vais
» savoir à qui appartient ce couteau. »

Edmond est pansé. Le proviseur et le
chirurgien sortent. La cloche annonça
le dîner, et le proviseur se rendit au réfectoire. Il fit le tour des tables, et remarqua bientôt Auguste qui se servait

du couteau d'un de ses voisins. « Il n'est
» pas commode, lui dit le proviseur, de
» n'avoir qu'un couteau à deux. Auguste,
» voilà le vôtre; mais, pendant quinze
» jours, vous vous en servirez en prison,
» d'abord pour avoir porté Edmond à
» faire une action coupable, ensuite pour
» l'avoir lâchement abandonné. » C'était
la douzième fois qu'Auguste s'était caché
derrière quelqu'un de ses camarades qu'il
poussait au mal; c'était la première qu'il
était découvert et puni.

On sut promptement à l'infirmerie
qu'il était sous les verroux, soumis à
un régime assez austère. « Ah! dit Ro-
» bert, c'est un mauvais écolier, et on
» va lui faire perdre quinze jours! Tiens,
» Edmond, M. De Lâtre a raison : une
» fustigation, appliquée plus ou moins
» fortement, selon la circonstance, n'em-
» pêche pas de travailler, et ce châti-

» ment, plus redouté que la prison, doit
» rendre aussi les fautes plus rares. —
» Tu n'en commets jamais, toi, et tu
» parles de la punition fort à ton aise.
» — Et qui t'empêche de faire comme
» moi? — Oh! je t'imiterais en tout, si
» j'étais toujours avec toi. — Ecoute,
» mon ami, une coupure au pied n'em-
» pêche pas de s'occuper. Fais demander
» tes livres à M. le proviseur. Cette dé-
» marche lui fera plaisir, et nous tra-
» vaillerons ensemble. »

Le lendemain, le proviseur vint visi-
ter l'infirmerie. Il trouva Edmond fai-
sant un thême que Robert lui avait
donné. Robert, à qui le rhétoricien avait
prêté du papier, traduisait le troisième
livre de l'Enéide; le rhétoricien avait
mis son Tacite dans sa poche, en se ren-
dant à l'infirmerie, et il méditait profondément certains passages difficiles de ce

précieux auteur. « Oh! oh! dit le provi-
» seur, je croyais entrer à l'infirmerie,
» et me voilà dans une classe. Robert,
» votre état exige que vous vous repo-
» siez, et si vous ne me donnez votre
» parole d'honneur de renoncer à toute
» espèce de travail, jusqu'à ce que vous
» puissiez retourner avec vos camarades,
» je mettrai Edmond dans une autre
» chambre. Vous savez que celui qui se
» respecte ne viole jamais sa parole
» d'honneur. » Robert donna la sienne
en soupirant, et la tint religieusement.

Il n'avait besoin que de repos, et le proviseur n'avait pas voulu inquiéter sa mère, en lui écrivant que son fils était à l'infirmerie. Cependant le dimanche de la réunion des deux familles était commencé, et madame Robert entrait chez le concierge du collége, au moment où l'horloge sonnait huit heures du matin. Elle venait prendre son fils et Edmond.

Le censeur la conduit à l'infirmerie. Elle trouve son fils pâle, défait, mais n'ayant aucune espèce de maladie. La figure d'Edmond annonce la santé, et cependant il est encore au lit, à huit heures, lorsqu'il sait qu'on va le conduire chez son père! Le censeur fut obligé de lui tout apprendre.

Des larmes roulèrent dans les yeux de madame Robert. « Ah! Edmond, quel
» chagrin vous allez causer à monsieur
» et à madame Du Perron!— Pour Dieu,
» madame, cachez-leur ma faute.— Hé!
» le puis-je, cruel enfant? Que leur di-
» rai-je, quand ils verront que vous
» n'êtes pas avec moi? Je ne puis, d'ail-
» leurs, me résoudre à descendre jus-
» qu'au mensonge: jamais il n'a souillé
» mes lèvres. Et de qui vos dignes parens

» doivent-ils attendre la vérité, si ce n'est
» de celle qui en a reçu et qui en reçoit
» tous les jours des services essentiels?
» —Ah! je vous en supplie, madame;
» ménagez-moi. — Je vous promets d'at-
» ténuer votre faute, en la rejetant tout
» entière sur celui qui vous a entraîné.
» Mais n'oubliez jamais, Edmond, com-
» bien il importe de savoir choisir ses
» amis. »

Madame Robert pria ensuite le censeur de lui permettre d'emmener son fils. « J'en aurai le plus grand soin. Rap-
» portez-vous-en, monsieur, au cœur
» d'une mère. » Le censeur n'avait aucune raison de se refuser à cette demande. Madame Robert sortait pour aller demander une voiture..... « Ah!
» maman, vous savez combien je vous
» aime, combien je suis heureux pen-
» dant les heures que je passe avec vous;

» mais abandonnerai-je Edmond à ses
» tristes réflexions? Permettez-moi de lui
» sacrifier mon dimanche. » Madame Robert embrassa son fils avec la plus vive tendresse ; le censeur l'embrassa à son tour. « N'oubliez jamais, dit-il à Edmond,
» ce trait de dévouement et d'amitié.
» Vous aurez souvent, dans le cours de
» votre vie, l'occasion de faire de semblables sacrifices. »

Madame Robert se retira, après avoir appris à son digne fils qu'une lettre du colonel lui annonçait que la paix était signée, et qu'il allait rentrer en France à la tête de son régiment.

On pense bien que M. et madame Du Perron montèrent en voiture aux premiers mots que leur adressa madame Robert. Ils étaient convenus en route de parler à leur fils avec une grande sévérité; mais ils entrèrent à l'infirmerie à

l'heure du pansement, et à l'aspect de la blessure d'Edmond, sa mère perdit toute son énergie, et les reproches de son père furent plutôt raisonnés que durs. Ils comblèrent le bon Robert de caresses, et M. Du Perron s'aperçut qu'Edmond fondait en larmes : « Méri-
» tez, mon fils, que nous vous traitions
» comme Robert; nos cœurs y sont
» tout-à-fait disposés.—Oh! oui, oui;
» je le mériterai. » Et il avait saisi la main de sa mère, et il la mouillait de ses larmes. M. et madame Du Perron s'attendrissaient; ils s'arrachèrent de cette chambre, et retournèrent tristement chez eux.

Jeunes enfans, qui êtes vraisemblablement destinés à devenir pères, connaissez l'extrême tendresse que vos parens ont pour vous, et gardez-vous bien de jamais en abuser. Croyez qu'il existe une justice éternelle, et que vos enfans vous rendront le bien ou le mal que vous aurez fait à vos père et mère.

On avait compté être cinq chez M. Du Perron : on jouissait d'avance du plaisir que devait causer cette réunion, et on n'était que trois. Oh! combien on fut sensible à l'absence des deux petits êtres intéressans! On cherchait la gaîté; elle ne se présente jamais quand on l'appelle; elle doit naître naturellement. Le reste de la journée fut triste, très-triste. Mais à la quinzaine suivante, une douce et tendre joie s'établit dans la rue de Tournon, et elle y régna jusqu'au moment où les deux enfans retournèrent à leur collége.

En effet, Robert avait recouvré son teint et ses forces; il avait repris ses travaux avec une nouvelle ardeur. Edmond avait rompu sans retour (il le croyait au moins) avec Auguste *le mauvais sujet*, c'est ainsi que les élèves studieux le nommaient. Edmond ne pensait plus à remettre au lendemain ce qu'il devait faire le jour. Il travaillait sérieusement, et en entrant chez son père, il eut la satisfaction de lui apprendre qu'il était le cinquième de sa classe. Robert était le premier de la sienne, et on n'en fut pas étonné.

On était à table. La conversation était gaie, vive, animée, parce que chacun était content de soi et des autres. Les deux dames commencèrent en *duo* le fameux quatuor de *Lucile* : *Où peut-on être mieux qu'au sein de sa famille?* On ne chantait pas toujours très-juste, on n'allait pas toujours en mesure; mais on riait des fautes qu'on faisait, parce que la vanité n'entrait pour rien dans les plaisirs du jour : la cordialité en faisait seule les frais, lorsque le colonel entra. Hélas! les accens de la joie allaient être remplacés par ceux de la tristesse.

On se lève, on court ; on s'arrache le colonel, on l'embrasse, on le fête ; il ne sait à qui entendre. Il partage sincèrement les vives émotions que produit sa présence. Mais quand les premiers transports sont calmés, il laisse tomber sa tête sur sa poitrine, et prononce ces mots avec l'accent d'une douleur profonde : « Je ne suis plus rien...—Vous n'êtes plus » rien?—Vous n'êtes plus rien?—Com- » ment! vous n'êtes plus rien? »

« — Je rentrais à Strasbourg avec les » restes de ce régiment de recrues qui » étaient devenues de braves soldats. Ce » drapeau, neuf quand nous sortîmes de » la ville, flottait au gré de l'air, criblé de » balles. Les habitans nous entouraient, » nous pressaient, nous félicitaient. Ils

» nous conduisirent en chantant à la
» caserne qu'on avait préparée pour
» nous.

» Le lendemain matin, un marquis
» de Fierville se présente chez moi. Les
» vaincus, me dit-il, ont payé une forte
» contribution de guerre. Le ministre
» de la guerre m'a chargé de vous en
» remettre votre part sur votre reçu.
» Voici quatre mille francs. Signez.

» —M. le marquis, on a levé soixante
» millions de contributions, et la part
» d'un colonel ne s'élève qu'à quatre
» mille francs! N'importe; je me suis
» battu par devoir et pour la gloire :
» j'ai rempli ce double objet. Je signe,
» et je serre les quatre mille francs.

» — Ce n'est pas tout, M. Robert.—
» M. Robert, dites-vous? Ne suis-je plus
» colonel? et croit-on acheter mon si-
» lence avec quatre mille francs?—Lisez

» cet ordre de son excellence. Je lis : Le
» colonel Robert remettra le comman-
» dement de son régiment au marquis
» de Fierville, et il jouira de la retraite
» attachée à son grade, que le roi a dai-
» gné lui accorder.—Qu'il a *daigné* lui
» accorder! Lorsque, pendant quatre
» mois, j'ai tous les jours exposé ma vie,
» lorsque ma santé et mes forces me
» permettent de faire encore dix campa-
» gnes, on *daigne* m'accorder une re-
» traite! On grève l'état d'une pension
» inutile! Ah! je vois ce que c'est : on
» m'a pris comme un esclave dont on a
» besoin, et qu'on jette de côté quand il
» cesse d'être utile... On *daigne* m'accor-
» der une pension, parce qu'on a un mar-
» quis à placer? Et de quel corps sortez-
» vous, M. le marquis?—J'avais le brevet
» de capitaine dans les gardes-du-corps
» du roi.—Je les crois braves, et sans

» doute vous vous ferez tuer, quand l'oc-
» casion s'en présentera. Mais, Monsieur,
» il y a dans l'armée française des chefs
» de bataillon et des lieutenans-colonels
» qui avaient des droits avant vous. Un
» capitaine!

» — Finissons, Monsieur, et prenez
» connaissance de ce second ordre : Si
» le sieur Robert s'emporte, si même il
» murmure, vous le ferez enfermer à la
» citadelle.—Oh! oh! de la persécution,
» de l'arbitraire! Si toutes les parties de
» l'administration publique sont con-
» duites ainsi, qu'il doit y avoir de mé-
» contens en France! Croyez-moi, le ré-
» gime de la force n'a qu'un temps; ses
» ressorts s'usent, se brisent, et l'heure
» de la vengeance sonne. — Monsieur,
» relisez ce second ordre.

» Que de choses je pouvais dire en-
» core! Je pensai à ma femme et à mon

» enfant; je sortis. Je fis battre le rap-
» pel; je mis le régiment en bataille,
» et je proclamai le marquis de Fierville
» mon successeur. Je passai une redin-
» gote grise sur mon habit d'uniforme,
» et j'allai chercher une voiture. En sor-
» tant de la caserne, je trouvai tous mes
» officiers qui m'attendaient pour me
» dire un dernier adieu, et m'adresser
» l'expression de leurs sincères regrets.
» Mes soldats me suivaient de loin, et
» beaucoup d'entre eux répandaient des
» larmes. Le marquis de Fierville vit tout
» cela, et je dois lui rendre justice : il
» se montra généreux; il ne troubla pas
» ma retraite, et j'en avais dit assez pour
» qu'il me fît arrêter. Des chevaux de poste
» m'enlevèrent avec rapidité, et je sortis,
» en soupirant, d'une ville où venait de
» s'éteindre l'espoir d'un avenir brillant,
» qu'autorisaient mes derniers services.

» Me voilà rendu à ma famille et à
» mes meilleurs amis. Ma pension est de
» 3000 francs; elle est fort au dessus du
» *maximum* de mon grade, et je suis à
» l'abri du besoin. Permettez, mon cher
» Du Perron, que je vous remette les
» 2000 francs que vous m'avez généreu-
» sement prêtés. »

Edmond fait de nouvelles fredaines.

Robert et Édmond étaient rétablis ; ils avaient repris leur rang dans leurs classes respectives. Auguste s'était mal conduit dans sa prison, et il avait été condamné à y passer huit jours de plus. Robert fut tranquille, pendant cette semaine, sur les mauvais conseils que pouvait lui donner le mauvais sujet, et il travailla avec son ardeur ordinaire. M. De Lâtre a raison, se répétait-il souvent. On fait perdre trois semaines à un paresseux, qui très-probablement doublera sa septième; tant mieux. Edmond montera en sixième, et il sera tout-à-fait séparé de l'hypocrite Auguste.

On lui rendit sa liberté, et celui qui surveillait les élèves pendant la récréation, lui défendit expressément de s'approcher d'Edmond. Cette mesure tranquillisa Robert. Il vit souvent son ami; mais il ne lui donnait qu'un quart d'heure, et il ne l'employait pas tout entier à lui parler raison. Il jouait en raisonnant.

Avant l'aventure de la cloche, Auguste avait gâté plusieurs de ses camarades. Parmi eux était un petit monsieur, vif, étourdi, espiègle, aussi franc qu'Au-

FAIT DE NOUVELLES FREDAINES. 129

guste était dissimulé ; incable de compromettre ses amis pour échapper à la punition, Henri n'était discret sur ses fredaines que pour les dérober à la connaissance de ses maîtres ; du reste, il en riait de tout son cœur avec celui qu'il avait mis de moitié dans quelque étourderie. Enfin Henri était un bon enfant, qui remplissait bien ses devoirs ; mais dont l'imagination, toujours active, enfantait souvent, pendant les récréations, quelque projet nouveau.

« Mon ami, dit-il un jour à Edmond, » il serait plaisant de faire dormir tout » le collége, du proviseur au dernier » marmiton, jusqu'à huit heures du ma- » tin.—L'idée est vraiment heureuse.— » Oh ! j'ai renoncé à ces petits tours obs- » curs, qui ne procurent ni honneur ni » plaisir. J'aime à tailler en grand, et » surtout je me plais à opérer en plein

» jour.—Explique-toi.—Auguste est un
» fou, qui n'a pas prévu que la corde
» qu'il t'a fait couper serait remplacée
» aussitôt. C'est un traître qui t'a fait faire
» un saut périlleux, et qui a couru se
» cacher dans son lit. Moi, je partage
» les dangers avec celui que j'associe à
» mes desseins.—Finis-en donc. Com-
» ment feras-tu dormir deux ou trois
» cents individus de neuf heures du soir
» jusqu'à huit heures du matin ? Oh ! je
» vois ce que c'est : tu jetteras quelque
» drogue dans la marmite. — Fi ! l'hor-
» reur ! Risquer d'empoisonner tout un
» collége ! Et puis, je ne connais pas
» de drogue qui fasse dormir ; d'ailleurs,
» où en trouverais-je une assez grande
» quantité pour produire de tels effets?
» Ecoute, mon ami : Ambroise ne sonne
» le réveil que parce qu'il entend sonner
» l'horloge. Qu'elle ne sonne plus, et

» chacun, en attendant la cloche, se dé-
» lectera dans son lit. Il suffit pour cela
» de démonter le balancier, et de le bien
» cacher. Il faudra cinq à six jours à l'hor-
» loger pour en refaire un autre.—Mais,
» mon cher Henri, ton projet est celui
» d'Auguste, à quelque chose près. —
» Oui, mais c'est son projet médité, rai-
» sonné, perfectionné. Mon père a in-
» venté une machine propre à élever l'eau
» à une hauteur considérable, et il a eu
» soin de prendre un brevet d'invention.
» Un autre a changé quelque chose à sa
» machine, et il a pris un brevet de per-
» fectionnement : il paraît qu'on donne
» des brevets à quiconque veut les payer.
» Il résulte de là que mon père ne vend
» plus rien, et que l'autre vend beau-
» coup. Donc le perfectionnement est au
» dessus de l'invention. — Je n'ai rien à
» répondre à cela. » C'est ainsi qu'on rai-

sonne à onze ans, et l'on craint de se laisser conduire!

Ces petits messieurs s'occupèrent à régler les détails d'exécution de leur projet. A trois heures le jardinier goûte et dort dans sa loge. Elle est entourée de cerisiers qui dérobent à sa vue le reste du jardin. Edmond feindra certain besoin, et sortira de la classe. Henri portera son mouchoir à sa figure, et du jus de cerises, qu'il y aura mis d'avance, persuadera le professeur qu'il est pris d'un saignement de nez. Il sortira de son côté, et ils se réuniront près de l'horloge, dont un seul ne pourrait décrocher le balancier.

« C'est très-bien, Henri. Mais que fe-
» rons-nous de ce balancier? — Nous le
» porterons dans le jardin, dont la porte
» est ouverte à cette heure, et nous l'en-
» fouirons.... où nous pourrons. » C'est

en effet à trois heures que le jardinier portait à la cuisine la provision de légumes du lendemain.

Le lendemain l'horloge sonne trois heures, et voilà mes espiègles en mouvement. Ils se joignent au lieu indiqué ; ils vont opérer..... On ne prévoit pas tout à cet âge. Ils oublient que si l'horloge ne sonne pas quatre heures et les suivantes, on ira en rechercher la cause, et que leur projet échouera. Ils enlèvent le balancier, ils le portent, en haletant, dans le jardin. Pas une pioche, pas une bêche ne se trouve sous leur main pour faire un trou. Ils se plaignent de ce contretemps, et ils ne songent pas que la terre, fraîchement remuée, décelerait, sinon les espiègles, du moins l'espiéglerie. Fatigués, excédés, ils traînent le balancier jusqu'au pied de la couche aux melons. Ils creusent avec leurs mains à sa base ; ils introduisent le balancier en travers ; replacent, tant bien que mal, le fumier qu'ils ont dérangé, vont se laver les mains à la pièce d'eau, et retournent en classe, enchantés de ce qu'ils viennent de faire.

Sans doute il y avait de la prévoyance à s'être décrassé les mains ; mais le professeur avait remarqué que l'absence des deux coupables avait dépassé de beaucoup les besoins qu'ils avaient prétextés. Il leur donna à chacun, non des férules, qui eussent tout terminé en un instant, mais un *pensum*, qui devait les occuper pendant la récréation du soir, et qu'ils se promirent bien de faire gaiement, en pensant aux événemens de la matinée du lendemain. Robert eût pensé encore que M. De Lâtre voulait que les récréations tournassent au profit de la santé des élèves, et non qu'ils les passassent à faire des *pensum*. Jusque là le professeur de septième n'avait aucun soupçon de ce qui s'était passé.

Mais le jardinier, en retournant à son ouvrage, avait passé devant la couche aux melons; il avait remarqué que la base avait perdu son apparence de vétusté; que du fumier avait été éparpillé à droite et à gauche. Il conclut de là, très-savamment, que quelque chat, quelque chien, venait de gratter autour de sa couche.

Il va prendre un râteau ; il essaie de repousser à leur place des parcelles de fumier que ces messieurs n'ont pas pris le temps de rassembler toutes; le dos du rateau éprouve une résistance à laquelle le jardinier ne pouvait s'attendre. Il frappe, il frappe plus fort, et la lentille du balancier rend un son sourd, mais sensible. Il travaille à son tour du râteau et des mains ; il a bientôt déterré ce balancier que de faibles enfans n'avaient pu enfoncer au delà de cinq à six pouces. Il le charge sur son épaule, et va droit trouver M. le censeur.

Le délit était constant; mais comment découvrir les coupables? la sagacité de M. le censeur fut, pendant quelques minutes, embarrassée, et par conséquent insuffisante. Cependant le jardinier assurait que la faute n'avait pu être commise que depuis trois heures. On était en classe alors, et on y était encore, quoiqu'il fût quatre heures et un quart, parce que l'horloge ne sonnait plus.

Il n'était pas présumable qu'un tour de cette espèce eût été joué par des enfans. M. le censeur va s'informer, en philosophie, en rhétorique, quels sont les écoliers qui ont demandé à sortir vers trois heures. Ou personne n'était sorti, ou l'absence n'avait pas été assez longue pour qu'on pût exécuter ce méfait.

Toujours précédé du jardinier, qui portait sur son épaule la pièce de conviction, M. le censeur, à mesure qu'il entre dans une classe, cherche à démêler, sur les figures, du trouble, de la crainte. Les écoliers rient de tout, et la figure grotesque du jardinier était propre à exciter l'hilarité générale. Aussi le censeur ne remarqua sur toutes ces physionomies que l'expression de la gaîté.

Il sortait de la sixième, et il balançait à entrer dans la septième : quelle apparence, en effet, de trouver les coupables dans une réunion d'enfans aussi jeunes? Cependant il n'est pas de faute qui ne porte avec elle sa punition, comme l'a fort bien fait observer Robert à Edmond. Le censeur, poussé peut-être par un instinct indéfinissable, peut-être aussi par le désir de ne pas laisser sa tournée incomplète, le censeur entre dans la septième... Henri et Edmond rougissent jusqu'au blanc des yeux, et ils sont placés précisément en face de M. le censeur, qui s'approche d'eux, et examine leurs mains. Elles avaient été lavées; mais l'eau verdâtre y avait laissé une teinte légère, qui n'échappa point à un œil exercé et scrutateur. Le professeur rappela la longue absence des deux coupables. Cependant, on n'avait contre eux que des présomptions, et le censeur craignit de leur faire ajouter le mensonge à un délit dont ils étaient vraisemblablement les auteurs, mais dont il n'avait pas de preuves suffisantes. Or le mensonge dégrade l'homme, et le proviseur et ses officiers tendaient à former des êtres qui pussent s'estimer eux-mêmes, afin qu'ils fussent fondés à prétendre un jour à l'estime de leurs concitoyens. Le censeur réfléchissait profondément... Mais la nature départ ses dons avec une sorte d'égalité; la pénétration, le jugement se trouvent souvent dans un individu habitué à ne manier qu'une bêche, comme chez celui qui se sert habilement d'une plume. Étudions les hommes, sans égard à l'habit qui les couvre, et nous apprendrons à faire à chacun la part qui lui appartient. « Parbleu! s'écria le jardinier, si » ce sont eux qui ont fait le coup, il » doit rester du fumier à la semelle de » leurs souliers. Levez les pieds, » dit le censeur, éclairé par cette heureuse idée, et les deux enfans sont convaincus.

La bonté du caractère de Henri, son équité naturelle se manifestèrent dans cette occasion. « Je suis le seul coupable,

» M. le censeur; c'est moi qui ai conçu le
» projet, et qui ai pressé Edmond de
» m'aider à l'exécuter. Je dois être seul
» puni. » Ce trait de franchise et de dévouement désarma le censeur. Cependant il fallait un exemple propre à contenir les mauvaises têtes, et il prononça que l'inventeur du délit serait huit jours en prison, et que celui qui avait contribué à l'exécuter ne serait détenu que pendant quatre.

Le lendemain matin, Edmond trouva, sous la porte de sa prison, ce billet de Robert : « Tu t'es toujours très-bien trouvé de suivre mes conseils, et très-mal de t'être laissé entraîner par ceux des autres. Je te supplie, mon cher Edmond, de me consulter avant que de céder à des séductions toujours dangereuses. Écris, si tu en as les moyens, à tes parens, et tâche de faire ta paix avec eux. » Il n'avait rien de ce qu'il faut pour écrire. Mais il pleura en lisant le billet de son ami. Il avait donc un cœur sensible, et ces cœurs-là offrent toujours de grandes ressources; mais trop souvent l'étourderie, l'irréflexion en empêchent les heureux résultats. Enfans, défiez-vous toujours de vous-mêmes, et, je vous le répète, sachez choisir vos amis.

C'était le second dimanche du mois. à la fin de la première quinzaine, Edmond était retenu à l'infirmerie, et cette fois il était en prison. Que va penser, que dira sa mère? cette idée lui tira de nouvelles larmes. Il fit demander M. le censeur, qui se rendit aussitôt à son invitation. Edmond le supplia de lui envoyer ce qu'il fallait pour écrire à sa mère. Il n'attendit pas long-temps.

Sa lettre fut longue, assez mal tournée; mais elle exprimait un repentir sincère, et la ferme résolution de se bien conduire à l'avenir. Le censeur vint la prendre lui-même, il embrassa tendrement Edmond ; mais il lui dit : « Vous » ferez vos quatre jours de prison. »

Mesdames Robert et Du Perron attendaient à la porte. Le censeur leur présenta Robert d'une main, et de l'autre la lettre d'Edmond. Sa mère s'attendrit en la lisant, et demanda la grâce du coupable. Le censeur lui fit aisément comprendre que le maintien de l'ordre exigeait qu'il fût sévère, et il ajouta, en souriant, que quatre jours sont bientôt passés. Robert ne pouvait donner des consolations à son ami, et il suivit sa mère.

M. Du Perron se plaignit amèrement de la conduite de son fils ; sa femme lui présenta la lettre du petit prisonnier, et à mesure qu'il lisait, il se sentait désarmé. Il finit par s'attendrir à son tour. « Hé ! ventrebleu ! s'écria le colonel, vous » êtes tous deux aussi enfans que votre » fils. Quatre jours de prison ! voyez la » grande affaire. Si un tambour de mon » régiment eût caché la canne de son » tambour-major, je l'eusse tenu trois » mois au cachot. — Mais, colonel, ad- » mettez donc des différences. — Ma- » dame, il n'y en a que relativement à » l'âge, et c'est par là seulement qu'il » faut juger de l'importance de la puni- » tion. Empêcher de sonner l'horloge » qui avertit les écoliers de ce qu'ils ont » à faire, et mettre un tambour-major » dans l'impuissance de faire battre le » rappel, quand le bien du service » l'exige, c'est la même chose des deux » côtés. Dînons, mes amis, et dînons » gaîment. C'est ce que nous avons de » mieux à faire... A propos, Robert,

» quelle place as-tu? Mon ami, répond
» avec empressement la bonne mère,
» il est le premier depuis un mois. —
» C'est fort bien, mon fils, reprend le
» colonel. Continue. »

M. Du Perron félicita le colonel sur les succès brillans qu'obtenait son fils dans ses classes. Il lui demanda ensuite ce qu'il se proposait de faire de lui, quand il aurait terminé ses études. « Ma foi!
» je n'en sais rien. On ne peut penser
» à servir maintenant. Il n'y a d'avan-
» cement que pour les marquis, ou
» pour des officiers qui se déclarent
» les soutiens du despotisme. On nous
» y conduit par degrés, lents, j'en con-
» viens, mais sensibles pour ceux qui
» observent, et qui font des rapproche-
» mens. — Mon cher colonel, il reste
» encore la chirurgie, la médecine, la
» jurisprudence pour les jeunes gens qui

» ne savent que du latin et du grec. Je
» n'imagine pas que vous vouliez faire
» un prêtre de Robert, quoique le mé-
» tier soit bon aujourd'hui. — Très-bon
» pour ceux qui l'exercent; mais nuisible
» à la société, et je veux que mon fils ne
» nuise à personne.

» La religion est respectable, elle est
» utile, tant que ses ministres en bornent
» la pratique à la simplicité évangélique.
» Quand ils vont au delà, il n'y a plus de
» religion; il n'y a plus qu'un clergé, et
» voilà où nous en sommes aujourd'hui.

» Etre prêtre, avide d'or et de places,
» tout cela est synonyme. Le sacerdoce
» marche à grands pas vers la puissance.
» Déjà il a subjugué la cour, qu'il a sou-
» mise à des pratiques minutieuses, et
» par conséquent ridicules. Le prince s'i-
» magine, en donnant l'exemple, entraî-
» ner toute une nation. *Hébétons pour*

» *régner*, tel est le grand axiome des
» prêtres et des rois. Le nôtre ne sent
» pas qu'il se soumet à ceux de qui il
» tiendra l'autorité absolue, et qu'un
» peuple fanatisé lèvera le poignard sur
» lui, s'il sort de la ligne qui lui est tracée.

» Robert, sois bon chrétien; observe
» les commandemens de l'église, puis-
» que tu es catholique; qu'ils soient ta
» charte, et si ton confesseur veut te
» faire aller au delà, ne l'écoute pas. »

A l'appui de ce que le colonel venait de dire de raisonnable, on cita un proviseur de collége qui était nouvellement destitué, parce qu'il n'était pas assez dévot. Un jésuite l'était allé trouver, et lui avait mielleusement représenté que l'éducation religieuse de ses élèves était fort incomplète. « Mon père, répondit
» le proviseur, ils font leur prière le ma-
» tin et le soir; ils vont à la messe tous

» les jours, et à confesse une fois tous
» les mois. Il me semble que c'est assez.
» — Ah! il vous semble, monsieur; il
» vous semble! Vous êtes loin du but
» vers lequel vous devez tendre. » Le jésuite lui indiqua beaucoup de pratiques qui devaient prendre une grande partie de la journée. Il lui remit une longue liste d'ouvrages mystiques, propres à éteindre l'intelligence des enfans, et cependant à exalter leur imagination. Or ces livres sont composés par des jésuites.

« Monsieur, répondit avec fermeté
» le proviseur, les parens me confient
» leurs enfans pour que j'en fasse des
» hommes, et non des imbéciles et des
» cagots. Je ne changerai rien au genre
» d'éducation qu'ils reçoivent ici. » Le proviseur fut dénoncé le jour même par le jésuite; le lendemain, il était destitué, et remplacé par son dénonciateur.

« Si nos enfans étaient dans ce col-
» lége-là, s'écrièrent à la fois le colonel
» et M. Du Perron, nous les en retire-
» rions à l'instant. »

La probité exige qu'on paye ses dettes, et le colonel avait rendu à M. Du Perron les deux mille francs qu'il lui avait prêtés, pour la forme : le remboursement dépendait des hasards de la guerre, et ensuite des facultés pécuniaires qu'aurait l'emprunteur. D'après cela, il est clair que M. Du Perron avait donné, et qu'il n'avait parlé d'un prêt que pour ménager l'amour-propre de son ami. La délicatesse va plus loin que la probité.

Madame Robert était devenu nécessaire à madame Du Perron, et son mari s'arrangeait à merveille de la franchise et de la gaieté du colonel. La dépense de la maison était augmentée, sans doute;

mais pas assez pour gêner M. Du Perron.
D'ailleurs, il n'avait pas de passions, et
il considérait comme donné à ses plaisirs ce qu'il sacrifiait à l'amitié. Le colonel ne voyait pas ainsi : il était délicat.

« Monsieur, dit-il à Du Perron lors-
» qu'on se leva de table, j'ai trois mille
» francs de revenu, et je n'entends pas
» être à charge à mes amis. — Croyez-
» vous, mon cher colonel, que cela soit
» possible? — Il n'est pas question ici
» de possibilité, mais de ce qui doit être.
» Je vous donnerai deux mille francs par
» an, pour ma femme et pour moi. Il
» nous en restera mille pour notre en-
» tretien, et c'est assez. — Mais, mon
» ami..... — Pas de mais, s'il vous plaît.
» Les choses iront ainsi, ou demain
» nous nous retirons. Choisissez. — Vous
» êtes pressant, colonel. — Oui, ou non ;

» décidez vous à l'instant. — En vérité,
» je ne sais..... — Oui ou non, vous dis-je.
» — Je ne peux me décider à vous per-
» dre. — Ainsi vous acceptez. Il me reste
» deux mille francs dont je ne sais que
» faire. Les voilà; prenez-les pour la pre-
» mière année, et qu'il ne soit plus ques-
» tion de cela. »

Que pouvait faire M. Du Perron? mettre les deux mille francs dans son porte-feuille, et c'est ce qu'il fit. Retournons au collége.

Les petits prisonniers étaient sortis de leur triste demeure. Robert s'était hâté de parler raison à son ami. Ses remontrances n'étaient pas nécessaires, du moins dans ce moment-là : la prison avait produit son effet. D'ailleurs, le proviseur avait parlé avec fermeté aux deux étourdis. Sa harangue ne fut pas longue :
« *Prima gratis, secunda debet, tertia*

» *solvet*. Entendez-vous ce latin-là, mes-
» sieurs de la septième? il signifie qu'à
» la première sottise que vous vous per-
» mettrez, vous serez chassés du col-
» lége. »

« Chassés! dit en soupirant Henri à Ed-
» mond; quelle honte pour nous! — Ma
» mère en mourrait de chagrin. — Et la
» mienne! — Et puis, à quel autre collége
» nous présenter, sans un certificat favora-
» ble du proviseur de celui-ci? — Mon ami,
» notre éducation serait manquée sans re-
» tour. — Henri, prenons une bonne ré-
» solution, et tenons-y irrévocablement.
» — Tu as raison, mon ami; travaillons
» avec ardeur : c'est le seul moyen que
» nous ayons de faire oublier nos fre-
» daines. »

Ils travaillèrent si bien, qu'ils furent
constamment les premier et second de
leur classe. Le bon Robert était heureux,

il l'était au delà de toute expression ! il aimait tant son Edmond !

C'était, nous l'avons dit, je crois, un garçon très-réfléchi que Robert. Il savait que ses parens étaient à leur aise; il savait aussi que la pension de son père devait s'éteindre avec lui, et il ne se mettait jamais à l'ouvrage sans penser à sa mère. Il voulait absolument faire deux classes par année, et à la fin de celle-ci il enleva tous les premiers prix. Edmond et Henri en obtinrent chacun deux. Les réunions des dimanches de quinzaine étaient autant de petites fêtes.

« Vois-tu, disait Henri à Edmond, » quel est le fruit d'une bonne conduite? » Nos parens nous aiment, nous le prou-» vent; M. le proviseur lui-même semble » avoir oublié nos fredaines. Persévé-» rons, mon ami. »

Robert, Edmond et Henri furent désignés les premiers, Robert pour monter en troisième, les deux autres en sixième.

On entrait en vacances. Robert voulut les passer au collége. Un maître d'études, qui l'avait pris en affection, promit de le faire travailler et tint sa parole. Edmond et Henri étaient chez leurs parens, et ils s'amusaient..... ah! c'était une chose à voir. Madame Du Perron trouvait cela fort juste; elle répondait à son mari, qui voulait que l'enfant travaillât deux heures par jour, que, lorsqu'on avait remporté deux prix, on méritait de jouir de ses vacances.

Mais pendant qu'elles durèrent, avec quel empressement le studieux Robert se rendait aux réunions de la quinzaine! il comblait ses parens de marques d'affection; il était respectueux et amical avec M. et madame Du Perron, et il jouait avec Edmond. Il jouait! Il est vrai que son ami avait une collection de joujoux de choix, que sa mère avait grand soin d'augmenter toutes les fois que son fils allait au delà de ce qu'elle attendait de lui. Ces jolies choses n'éblouissaient pas Robert ; il ne désirait rien de ces brillantes bagatelles; mais il trouvait tout simple qu'on s'en servît, quand on les avait sous sa main. Quand il était rentré au collége, il oubliait tout cela, et quand il regardait les gens au dessus de lui, quand leur luxe fixait son attention, il baissait aussitôt les yeux, et se disait : Il faut savoir se passer de ce qu'on ne peut avoir.

Quand un désir insensé commençait à se manifester, il s'arrêtait devant de petits malheureux qui jouaient dans la boue, et dont la mise attestait la misère. Il trouvait, avec raison, son sort fort au dessus du leur, et il concluait de ce qu'il voyait que pour être satisfait de sa position, il faut toujours regarder en bas.

En effet, si ceux dont la splendeur nous étonne paraissent dignes d'envie, ne doit-on pas penser que s'ils regardaient tous au dessus d'eux, et de proche en proche jusqu'au trône, le monde ne serait peuplé que d'envieux? et cette maladie est la mère de l'égoïsme. Or, qu'est-ce qu'un égoïste? C'est un être qui rapporte tout à lui seul, qui n'a aucune de ces qualités dont se compose le chaînon qui lie, les uns aux autres, tous les membres de la société.

Il ne faut pas conclure de ce que je dis de Robert, qu'il fût un enfant parfait : aucune créature ne l'est. Nos forces physiques ont leurs bornes ; notre intelligence et toutes les qualités qui en dérivent ont aussi les leurs. Robert était fier de ses succès; il aimait à faire sentir sa supériorité à des condisciples plus âgés, et qu'il laissait loin derrière lui; quelquefois il se permettait de donner des conseils à ceux qui ne lui en demandaient pas. Si, par hasard, un maître d'études se trompait en corrigeant ses devoirs, un rire moqueur agitait légèrement ses lèvres; enfin Robert était un orgueilleux.

Sa raison était plus développée que celle des enfans de son âge. Il sentait le tort que ce défaut pourrait lui faire plus tard, et c'est pour revenir à des sentimens de modération et d'égalité qu'il s'arrêtait devant de petits malheureux, en allant du collége chez M. Du Perron, ou lorsqu'il retournait à Louis-le-Grand. Quand il était trop mécontent de lui, il jouait quelques instans avec eux : c'est la pénitence qu'il s'infligeait. Il ne leur donnait rien, parce qu'il n'avait rien à leur donner.

Mais comment sa mère ou madame Du Perron permettaient-elles qu'il se conduisît ainsi? La maxime de tous ceux qui ont de l'aisance est qu'il faut vivre avec ses égaux, et cette manière de voir n'est pas déraisonnable : la grande famille, dont se compose un royaume, est nécessairement divisée en plusieurs classes; la subordination, dont dépend le maintien de l'ordre, exige que chacun reste dans la sienne. Je vais répondre à la question que je viens de me proposer.

Robert avait, dans son collége, une réputation de sagesse, si bien faite et si bien méritée, qu'on n'exigeait pas qu'on vînt le prendre, quoiqu'il eût à peine douze ans. Il était le seul élève de son âge qui jouît de cette prérogative, et la confiance absolue que lui accordaient ses maîtres était son plus bel éloge.

Robert avait moins travaillé pendant les vacances que dans ses classes. Cependant il avait fait des progrès sensibles, et la rentrée fut brillante pour lui. Il se trouva d'abord au centre de la troisième, et il pouvait se contenter de cet avantage. Son orgueil blessé regardait avec envie ceux qui étaient assis aux bancs supérieurs. Il se promit bien de les laisser bientôt derrière lui.

Edmond et Henri avaient joué pendant près de deux mois. Non-seulement on n'apprend rien en jouant; mais on oublie quelque chose de ce qu'on sait. Les deux espiègles se trouvèrent à la queue de la sixième.

De nouvelles folies se présentaient souvent à leur imagination, et ils ne manquaient jamais de se les confier.

Mais l'un répétait toujours à l'autre ces mots terribles du proviseur : *chassés du collége!* Et ils combattaient la tentation, et ils la surmontaient : avec une volonté forte, on fait ce qu'on doit.

Ils travaillèrent avec ardeur, et leur professeur seconda leurs efforts. A chaque composition, ils gagnaient quelques places, et ils s'applaudissaient de leur bonne conduite.

Ils furent soutenus dans la route qu'ils s'étaient tracée par l'expulsion publique et humiliante d'Auguste. Il mit encore en avant un de ses camarades, qui, moins délicat qu'Edmond, déclara qu'il avait été entraîné par lui. Le proviseur revint sur la corde de la cloche coupée, et sur quelques fautes graves commises précédemment. On avait soupçonné Auguste; mais on n'avait pas eu de preuves contre lui. Le proviseur appela, l'un après l'autre, les élèves qui avaient été punis. Il les pria, il les pressa de parler. Il leur représenta qu'il était de l'intérêt général de dénoncer un hypocrite, qui compromettait successivement tous ses condisciples. Le voile, qui avait long-temps couvert la vérité, fut déchiré enfin.

Pendant la récréation de midi, cette cloche, qu'Auguste avait voulu réduire au silence, rassembla tous les élèves au milieu de la cour. On les mit en rang, et deux domestiques amenèrent Auguste au milieu du carré. Le proviseur prononça à haute voix ces paroles terrifiantes; « élèves du collége de Louis-le-
» Grand, Auguste Le Tourneur cesse d'ê-
» tre votre camarade, s'en étant rendu
» indigne par son infâme conduite. »
Les deux domestiques le dépouillèrent de son habit d'uniforme, et le revêtirent

d'une redingote grise. On le mit dans un fiacre, et on le conduisit chez ses parens.

Cette scène de terreur frappa tous les esprits. Pendant le reste de la récréation, pas de gaieté, pas de jeux, pas même de conversation. Chacun se promenait isolément, et méditait profondément sur ce qui venait de se passer. Robert seul paraissait radieux. Il cherche, il trouve Edmond; il le presse dans ses bras, et l'embrasse avec tendresse, avec une effusion qui partait du fond de son cœur. « Me voilà tranquille enfin. Je ne cessais » de craindre que le vil hypocrite ne » t'enlaçât encore dans ses filets. Dieu » merci! il n'est plus à craindre pour » toi. Mon ami, que la scène terrible, » dont tu viens d'être témoin soit tou— » jours présente à tes yeux. »

On prétend que lorsqu'un moine tra-

piste en rencontre un autre, il lui dit :
Il faut mourir, frère, et que l'autre lui
répond : Frère, il faut mourir. Pendant
plus d'un mois, lorsque Henri et Edmond se réunissaient à la récréation, le
premier disait d'une voix sombre : *Auguste Le Tourneur cesse d'être votre
camarade.* Le second ajoutait : *s'en
étant rendu indigne par son infâme
conduite.*

Ces mots étaient une espèce de talisman qui agissait avec force sur leur
imagination. Peu à peu, la gaieté naturelle à leur âge reprenait son empire,
et la balle et la corde faisaient tout oublier. Mais en retournant à l'étude, en
rentrant en classe, on prononçait à voix
basse les paroles magiques, et on ne se
permettait pas la moindre négligence.
Cette bonne conduite produisit ses fruits.
Edmond et Henri étaient à la tête de leur

classe au milieu de l'année scolastique. Dès long-temps Robert était en possession de la première place, dans tous les genres de composition.

Ses camarades se trouvèrent, à son égard, dans la position où il avait mis ses condisciples de cinquième. Ils murmurèrent d'abord, et ils décidèrent d'appeler premier celui qui obtiendrait la seconde place. Cette singularité fut remarquée par les maîtres. Ils en cherchèrent la cause, et le résultat de leurs démarches fut de faire passer Robert en seconde. Son orgueil fut flatté d'une distinction qu'il obtenait seul, et qui avait lieu pour la seconde fois.

Cependant il était certain d'enlever tous les premiers prix en troisième, et cet orgueil voulait qu'il en emportât quelques-uns en seconde. Son ardeur pour le travail redoubla; mais sa santé ne suffit pas à ses efforts. Il tomba malade, et plus sérieusement que la première fois. Sa mère, son père venaient le voir souvent, et il se plaignait à eux de la perte d'un temps précieux. Nous verrons à la fin de l'année comment tournèrent les événemens.

Jeunes enfans, les bonnes impressions durent peu à votre âge, si on n'a le plus grand soin de les entretenir. Les mauvaises se soutiennent chez ceux qui se conduisent mal, parce qu'une faute en amène une nouvelle. Au bout de quelques mois, Henri et Edmond avaient oublié les terribles paroles du proviseur. Plus de réflexions utiles, plus de ces encouragemens mutuels, auxquels ils avaient dû des succès. L'étourderie, qui leur était naturelle, se manifesta avec une force proportionnée à la longue résistance qu'ils lui avaient opposée.

Edmond était friand, très-friand même, et le réfectoire ne lui présentait rien qui piquât sa sensualité. La corbeille de la marchande, à qui l'entrée de la cour était permise au moment du déjeuner, était garnie de choses saines et simples, qu'Edmond et Henri dédaignaient très-souvent. A leur entrée en sixième, leurs parens avaient augmenté leur petit revenu d'un tiers. Ils faisaient bourse commune, et ils n'en tiraient guère que ce qu'il fallait pour payer un ballon, une corde à sauter, ou un volant. Ainsi ils étaient riches, relativement à leur position.

Quand on allait à la promenade, ils mettaient quelques sous dans leur poche, et ils les distribuaient à des pauvres infirmes, ce qui diminuait très-peu leur petit trésor.

Mais qui les portait à préférer des estropiés à des enfans qui paraissaient aussi misérables, et avec qui le rapport d'âge semblait devoir établir une sorte de sympathie? Le professeur de sixième, homme d'un sens droit, leur avait appris que des enfans, accoutumés à mendier, deviennent toujours des fainéans, et qu'un fainéant est un fardeau pour la société.

Cependant, en longeant les rues qui conduisent au Luxembourg ou aux Boulevards neufs, la troupe joyeuse passait devant des marchandes, qui étalaient les plus beaux fruits. Henri et Edmond les convoitaient en passant, parce qu'il était expressément défendu de sortir des rangs, jusqu'à ce qu'on fût rendu aux lieux où on allait se livrer à des jeux d'exercice. Il était donc inutile que les deux amis prissent de l'argent avant que de sortir du collége.

Tous les matins le jardinier portait, à M. le proviseur, un panier de superbes fraises ; quelquefois il passait près d'Edmond et de Henri, qui jetaient un coup d'œil d'envie sur le panier tentateur. « Qu'il est heureux, M. le proviseur, de » manger des fraises tous les jours ! — » Nous n'en avons que tous les quinze » jours chez nos parens. — Mais est-il » impossible de nous en procurer plus » souvent ? » Cette dernière phrase annonce une tentation forte. Toute tentation, bien prononcée, ressemble à une pente douce, sur laquelle il est agréable de se laisser glisser. On ne s'occupe pas de ce qui est au bas, et c'est un grand mal. « Mon cher Edmond, il faut abso- » lument que nous mangions des frai- » ses. — Oh ! oui, mon cher Henri. — » Mais comment nous y prendrons- » nous ? — Je n'en sais rien. — Ni moi. »

Leur bon génie, Robert, était détenu à l'infirmerie. Un mot de lui eût suffi, peut-être, pour éteindre le désir des fraises; mais ce malheureux panier, qui, tous les matins, tentait nos étourdis, était leur mauvais génie.

Un certain jour le jardinier oublia de fermer derrière lui la porte du jardin. Une grande partie de barres était engagée dans la cour, et chacun était tout à son jeu. L'occasion était favorable et dangereuse. Nos deux étourdis, au lieu de se parler, de réfléchir, se bornent à se faire un signe très-significatif, et en quatre sauts les voilà dans le jardin.

Ils en connaissaient tous les détours, depuis l'aventure du balancier de l'horloge; ils vont droit au carré de fraises. Il était bordé de groseillers, sous lesquels nos maraudeurs se couchent, et ils travaillent avec ardeur, sans relâche, à satisfaire leur gourmandise.

Ils commençaient à être rassasiés, et ils étaient persuadés qu'ils sortiraient du jardin comme ils y étaient entrés. Tout à coup ils entendent donner un double tour de clef à la porte..... Les voilà stupéfaits, anéantis. Ils se rappellent, mais trop tard, les paroles terrifiantes du proviseur, et une sueur froide coule de tous leurs membres.

« Non, on ne nous dépouillera pas
» publiquement de notre habit. — Non,
» nous ne serons pas chassés, désho-
» norés. — Nous fuirons. — Où ? chez
» nos parens ? — Aussi sévères que le
» proviseur, ils nous banniraient de
» chez eux. » Cruels enfans, vous doutez de votre père, et surtout de votre mère ! Si vous êtes pères à votre tour, vous sentirez dans votre cœur une source

inépuisable d'amour, et si, comme vous, vos enfans ont le malheur d'en abuser, vous vous rendrez aux accens du repentir. De tels raisonnemens étaient au dessus de l'âge d'Edmond et de Henri.

« Si du moins nous avions pris notre » argent avant que de nous exposer » ainsi ! » Ces petits malheureux n'avaient pas un sou dans leur poche.

Cependant le jardinier travaillait de différens côtés, en chantant la chansonnette. Les coupables suivaient tous ses mouvemens, et ils se traînaient sur le ventre pour chercher un nouvel asile qui les dérobât à ses regards. Le bon homme était loin de penser à eux.

Bientôt le son de la cloche appelle les élèves en classe. « On va s'apercevoir de » notre absence, nous sommes perdus. » —Perdus sans retour. — Mais si nous » rentrions dans la cour à l'heure où le

» jardinier porte ses légumes à la cui-
» sine?—Nous ne sommes pas en classe;
» l'effet est produit, nous sommes per-
» dus. — Vois-tu se renouveler la scène
» d'infamie que nous a donnée Auguste?
» — Comment n'est-il pas mort sur la
» place?—Je sens que j'y mourrais.—Et
» moi aussi.» Hélas! pourquoi cette crainte
salutaire ne les a-t-elle pas éclairés plus tôt?

« Nous fuirons, nous fuirons. — Il le
» faut nécessairement. — Mais par où?
» mais comment? nous sommes entou-
» rés de murailles élevées. » En chan-
geant continuellement de genre de travail, le jardinier les avait poussés jusqu'à un tas considérable de fumier derrière lequel ils se cachèrent.

Ce tas de fumier était auprès d'une
porte charretière qui donnait dans une
ruelle parallèle à la rue Saint-Jacques.
Elle ne s'ouvrait que pour recevoir les

charrettes qui apportaient l'engrais au collége, et, en ce moment, elle était exactement fermée. Mais, à quelques pas de là, était une longue échelle plantée contre le mur; les deux enfans se regardent, en riant de ce rire machinal qui annonce la démence ou le désespoir. C'est de celui-là, nous dit-on, que rit l'ange des ténèbres, quand il a fait pécher l'innocence. « A trois heures le jar-
» dinier dort. — A trois heures nous
» escaladerons ce mur. — Un cordeau,
» attaché au haut de l'échelle, nous ai-
» dera à descendre dans la ruelle. —
» Nous prendrons celui dont le jardinier
» vient de se servir tout à l'heure pour
» tracer un alignement. — Nous sorti-
» rons de Paris; quand nous serons
» dans la campagne, nous tomberons à
» genoux........ — Et nous prierons Dieu
» d'avoir pitié de nous. »

Fort heureusement pour eux ils avaient dans leur poche le morceau de pain du déjeuner, et, à cet âge, le désespoir n'ôte pas toujours l'appétit. D'ailleurs, il y avait loin de là à trois heures ; le temps est long quand on est péniblement affecté, et manger c'est se distraire, au moins pour un moment. A leur frugal repas succéda un accablement profond.

Ils se regardaient sans se parler, comme le font des malheureux que l'approche du supplice terrifie et abat. N'est-ce pas, en effet, un supplice que de franchir les murs de cette paisible enceinte pour s'éloigner des meilleurs parens, pour se jeter dans un monde inconnu, où ils ne trouveront peut-être aucune ressource ? Vous l'avez voulu, malheureux enfans !

Ils comptaient les minutes, et le bruit

d'une feuille morte, que le vent faisait rouler auprès d'eux, les faisait frissonner. Le son de la cloche, en leur indiquant l'heure, les rappelait où ils devaient être, et où ils ne pouvaient plus arriver. Ils regrettaient intérieurement cette maison de travail, de subordination et de plaisir, dont ils ne sentaient plus que les agrémens : un grand mal éteint la sensation d'un moindre, et le collége de Louis-le-Grand ne leur paraissait plus qu'un lieu de délices. C'est ainsi qu'Adam et Eve, chassés du paradis terrestre, oubliaient les orties et les chardons qui leur avaient piqué les pieds et les jambes, car tout, sur notre terre, même un paradis terrestre, offre un mélange de bien et de mal.

Trois heures sonnent enfin. Les deux coupables se lèvent et regardent autour d'eux. Ils voient le jardinier entrer dans sa loge, un chiffon de pain dans une main, et une bouteille dans l'autre. Ils commencent à retrouver des idées et à se les communiquer. Ils conviennent d'attendre qu'il ait pu goûter et s'endormir. Attendre, toujours attendre, quand on est sur des charbons ardens !

Enfin ils se mettent en marche. Ils vont prendre le cordeau qui doit favoriser leur évasion. Ils montent au haut de l'échelle, et ils attachent la corde au dernier échelon. Edmond enfourche le mur, et se laisse glisser dans la ruelle. La rapidité de sa chute lui écorche et lui brûle l'intérieur des mains.

« Oh ! oh ! dit un savetier, dont la
» boutique était en face, voilà un sin-
» gulier chemin que prend cet enfant,
» pour aller faire l'école buissonnière….
» Ah ! diable, en voilà un second ! Tout

» le collége de Louis-le-Grand va-t-il
» s'envoler par-dessus les murs? »

Le savetier appelle le menuisier son voisin, et ils se mettent à raisonner. « Oh, ils vont faire un petit tour de » ville. — Oui, et ils rentreront par la » grande porte : cette route est plus fa- » cile que celle qu'ils viennent de choi- » sir.—Mais si nous les reconduisions au » collége ? — Ce serait une bonne ac- » tion. » Henri et Edmond, un peu étourdis de leur manière de voyager, se secouaient les oreilles. A ces mots, ils prennent leur course, et on court bien à cet âge-là, surtout quand on a peur.

« Ma foi, dit le savetier, qu'ils aillent » où ils voudront : je ne suis pas coureur, » moi. — Et puis nous n'avons pas la » pratique du collége. Qu'ils aillent où » ils voudront. »

Après avoir tourné quelques rues,

Henri et Emond ralentirent leur marche, parce qu'ils étaient hors d'haleine, et qu'ils ne voulaient pas avoir l'air de fugitifs. Ils avançaient en causant, et ils se retournaient souvent pour s'assurer qu'on ne les suivait pas : « Que ferons-
» nous quand nous serons dans les
» champs ? — Nous entrerons dans le
» premier village, et nous demanderons
» à dîner. — Nous n'avons pas de quoi
» le payer. — Nous donnerons une leçon
» de lecture à la petite fille.... — Une
» leçon de latin au petit garçon. — Hé,
» mais.... mon ami.... — Qu'est-ce ? —
» Pourquoi ne nous ferions-nous pas
» maître d'écoles ? Nous pouvons con-
» duire nos écoliers jusqu'en sixième.
» — Et c'est beaucoup pour des paysans.
» — Et puis ce moyen de gagner notre
» vie est honorable. — Allons, allons,
» nous serons maîtres d'école. »

Ils arrivent à la barrière Saint-Laurent. De ce moment ils se croient libres. Fidèles à l'espèce de vœu qu'ils ont fait dans le jardin du collége, ils se mettent à genoux, ils prient Dieu de leur être en aide, et surtout de leur faire avoir beaucoup d'écoliers.

Comme ils finissaient leur prière, arrive près d'eux un coucou qui allait à Saint-Denis : « Allons, mes petits amis, » j'ai encore deux places sur mon siége, » montez. » Ils étaient fatigués, mais ils savaient qu'un cocher vit de son métier. « Hélas! Monsieur, nous n'avons pas le » sou. — Pas le sou, et vous courez les » champs! Où allez-vous donc comme » ça? — Nous allons nous faire maîtres » d'école. — Oh! oh! honneur à la science, » même lorsque sa bourse est vide. Mon- » tez, mes enfans, et s'il ne se présente » pas de lapins sur la route, je vous con-

» duirai gratis jusqu'à Saint-Denis, pour
» l'amour de la science.

« — Vois-tu, Henri, l'aumônier du col-
» lége avait bien raison de nous dire qu'il
» est toujours bon de prier Dieu : il nous
» a envoyé une voiture. — S'il daignait
» aussi nous envoyer des écoliers. — A
» dîner d'abord, c'est le plus pressé. »

On riait beaucoup, dans la voiture, de la conversation des deux enfans ; mais rire n'est pas aider. Parmi les voyageurs, se trouvait une jeune mère, qui ne prenait aucune part à la gaieté générale. Mon fils a six ans, pensait-elle, le temps n'est pas très-éloigné où il fera, peut-être aussi, des espiégleries. Que ne donnerais-je pas à l'homme compatissant qui prendrait soin de lui !

En arrivant à Saint-Denis, elle fit entrer Edmond et Henri chez un pâtissier, et donna à chacun d'eux une douzaine de talmouses. Elle allait leur faire un petit sermon sur leur fuite du collége, et sur la nécessité d'y retourner.... baste, ils étaient déjà loin. Ils couraient les rues de Saint-Denis, leurs talmouses sous le bras. Ils les détachaient de la masse l'une après l'autre, et au bout d'un quart d'heure ils avaient recouvré l'usage de leurs deux mains : il ne restait plus rien de ce que leur avait offert un cœur maternel.

En allant, en venant, ils furent frappés de l'aspect d'un écriteau : *Boutique et dépendances à louer :* « Bien, c'est cela. » — Voilà ce qu'il nous faut. Rien n'est » plus commode qu'un rez-de-chaussée » pour établir une école.—Et les maîtres » se logeront dans les dépendances. — » Entrons. — Entrons. »

Le propriétaire de la maison trouva fort plaisant que deux enfans voulussent louer sa boutique. Il rit de tout son cœur quand il les entendit parler d'aller commander à un menuisier des tables et des bancs : « On ne paie pas tout comptant » au collége. — Le menuisier nous fera » crédit. Et nous nous acquitterons avec » les produits de notre école. »

Le rire continuel du propriétaire fit descendre un jeune officier de la garde, qui logeait dans la maison. Quand il sut de quoi il était question, il rit d'aussi bon cœur que le propriétaire, et en riant il examinait les boutons de l'habit uniforme, autour desquels était écrit : *Collége de Louis-le-Grand.*

Il entra en conversation avec les deux fugitifs. Il leur fit remarquer qu'on ne loue pas une boutique à des enfans, qui n'offrent aucune garantie du loyer. Il les assura que, par la même raison, aucun menuisier ne leur ferait crédit. Enfin il

leur apprit qu'on ne peut ouvrir une école sans l'autorisation du maire; que, d'ailleurs, leur âge ne commandait pas la confiance, et qu'aucun parent ne leur donnerait ses enfans : « Et puis, ajouta-
» t-il, le maire verra vos boutons; il
» vous fera arrêter et reconduire à votre
» collége. »

A ces derniers mots, les petits malheureux fondirent en larmes : « Etre re-
» conduits au collége ! — Etre déshono-
» rés ! — Mes jeunes amis, à votre âge
» on aime à faire du bruit. Suivez-moi;
» je vais vous mener à la caserne, et le
» maire ne vous prendra pas là.—Mais,
» monsieur l'officier, que ferons-nous à
» la caserne ? — Je vous mettrai entre
» les mains du tambour-major ; il vous
» passera une caisse au col, et ra tan
» plan, plan, plan, vous ferez un carillon
» de tous les diables. — En effet, ra tan

» plan, plan, plan, cela sera joli. — Et
» le maire ne viendra pas vous chercher
» là. » Ils suivent gaiement l'officier,
et ils arrivent à la caserne. L'officier
les livre au tambour-major, et, en sortant, il les consigne au factionnaire
placé à la grille.

Cet officier n'avait que vingt ans,
et c'était cependant un jeune homme
réfléchi. Il avait pensé qu'il fallait s'assurer de ces enfans qui, au moindre
soupçon, se seraient jetés à travers les
champs, et qu'on aurait eu peut-être
beaucoup de peine à rejoindre.

En sortant de la caserne, l'officier alla
rendre compte au maire de ce qu'il avait
fait. Ils convinrent de laisser ces enfans
passer au service du roi le reste d'une
journée aventureuse ; mais qu'on la
leur rendrait dure, afin de les dégoûter
des voyages dangereux.

En conséquence de cet arrangement, l'officier retourne aux casernes et fait un signe expressif au tambour-major. MM. Edmond et Henri sont mandés dans la cour, et on leur fait battre la caisse. Il battent mal; cela devait être ainsi, et, à chaque faute, le tambour major leur allonge sur les épaules quelques coups de courroie. Il se plaignent à l'officier, qui leur répond que c'est l'usage, mais que lorsqu'ils sauront bien faire ra-ta-plan, ils s'amuseront comme des compères.

Cependant les fautes se répètent, et les coups continuent à pleuvoir. Les petits malheureux pleurent, gémissent; ils demandent en grâce qu'on leur permette de retourner chez leurs parens. L'officier leur répond que, puisque le service du roi ne leur convient pas, on verra le lendemain ce qu'on pourra faire pour eux;

qu'en attendant ils aillent manger la soupe et se coucher.

Il se rangent autour d'une gamelle que déjà dix hommes convoitaient. On leur met à la main une cuiller d'étain malpropre. Tout cela leur paraît dégoûtant; mais il ont déjà digéré les talmouses, et ils mangent avec assez d'appétit. Cependant, quand ils vont trop vite, le voisin donne avec sa cuiller un coup sur la leur; elle tombe, et avant qu'ils l'aient relevée, les dix hommes ont vidé deux fois la leur.

Après la soupe, on leur donne à chacun un morceau de pain de munition, sur lequel on place un très-léger morceau de lard. Oh! alors personne ne leur dispute ce qu'ils tiennent, et ils font à leur aise un assez mauvais souper.

Alors le caporal, chef de la chambrée, leur notifie qu'ils ayent à se coucher.

Il répondent qu'il fait encore grand jour. Une banderole de giberne devient dans les mains du caporal un argument sans réplique. Ils se mettent dans un lit, composé d'une paillasse, dont la paille n'a pas été renouvelée depuis six mois, d'un matelas, épais comme une galette, dur comme un noyau de pêche, et de draps gros et crasseux. On sent bien que tout cela avait été arrangé entre l'officier et le caporal. Retournons au collége de Louis-le-Grand, où certes ils n'eussent pas été traités aussi sévèrement.

En passant et repassant, le jardinier s'aperçut que le carré aux fraises était foulé, il jugea aussitôt qu'il était entré quelques maraudeurs. Mais par où avaient-ils passé? Guillaume se grattait l'oreille en regardant le ciel, et il n'y trouvait pas ce qu'il cherchait. Il se rappela enfin avoir laissé la porte ouverte pendant la récréation du matin, lorsqu'il portait les fraises à la cuisine.

Son premier mouvement fut de faire l'inspection exacte de tout le jardin : c'était le moyen le plus sûr de reconnaître jusqu'où avait été porté le dégât.

Il passe devant le tas de fumier; il arrive au pied de l'échelle; il entend du bruit dans la ruelle; il lève la tête, et il aperçoit pendre au dernier échelon un bout de son cordeau. Il monte au haut de l'échelle, et il voit l'autre bout de la corde traînant dans le ruisseau. « Regarde, regarde, lui crie le savetier, les oiseaux sont envolés. » Guillaume n'a qu'un parti à prendre en semblable circonstance, c'est d'aller conter ce qu'il a vu à M. le censeur.

Depuis trois heures de l'après midi on avait remarqué l'absence d'Edmond et de Henri. Le censeur était allé à l'in-

firmerie; depuis long-temps il interrogeait Robert, qui pouvait savoir quelque chose des projets de son ami, ou du moins donner, d'après les goûts et les habitudes des fugitifs, quelques indices qui pusssent aider à les retrouver. Le pauvre Robert ne disait rien, parce qu'il n'avait rien à dire. « Il sont peut-
» être allés chez leurs parens? — Non,
» monsieur le censeur. M. Du Perron au-
» rait déjà ramené son fils au collége. —
» Vous avez raison, Robert; mais où les
» chercher? Apprendre leur fuite à leur
» parens, ce serait les inquiéter, les tour-
» menter sans résultat... Où les chercher?
» où les chercher? » Robert, profondément affligé de l'escapade de son ami, ne proférait plus un mot. Le censeur et lui se regardaient en silence lorsque le jardinier entra à l'infirmerie.

Il raconte ce qu'il sait, et l'âme tout

entière de Robert est concentrée dans ses oreilles. Il est bien faible encore, mais l'amitié lui parle avec force, et peut-être sa vanité lui dépeint le triomphe dont il jouira, s'il ramène les petits déserteurs. Le censeur se dispose à aller demander des recherches à la police; le plan de Robert est arrêté dans son esprit.

Dès qu'il est seul il met ses souliers, prend quatre francs, qui étaient toute sa fortune, et descend chez le concierge. « Je vais, lui dit-il, remplir une mission de » M. le proviseur.—Où est votre *exeat?* » — Je ne sais pas trop ce que j'en ai » fait. N'importe, laissez-moi sortir. » Véracité, loyauté, sagesse, Robert, tout cela était synonyme au collége. Le concierge, comme les autres, le croit incapable de mentir : il le laisse passer.

Deux enfans qui s'échappent du collége ne vont point au pas. Robert espère que la rapidité de la course de Henri et d'Edmond les aura fait remarquer, et il commence par se rendre à leur point de départ. Il interroge le savetier. Ils ont suivi la ruelle, et ils doivent avoir pris la rue de la Harpe. Dans cette rue, et dans plusieurs autres, il obtient des renseignemens, après avoir inutilement consulté vingt personnes. En effet, deux enfans qui courent les rues ne sont pas très-remarquables. Robert est incapable de se rebuter, quand il est question de servir son ami. Il arrête tout le monde, il interroge tout le monde, et, de moment en moment, il devient plus incertain de la route qu'il doit suivre.

Sa faiblesse le contraignit enfin à s'asseoir sur une borne, près de laquelle étaient placés deux commissionnaires-décroteurs. Il les observe, et il remarque qu'ils examinent soigneusement les passans et qu'ils invitent à poser le pied sur la sellette ceux qui leur paraissent avoir besoin du petit coup de brosse. Ces décroteurs lui apprennent qu'ils ont vu passer, il y a environ quatre heures, deux enfans en uniforme, qui couraient à toutes jambes, et qui souvent regardaient derrière eux. De ce moment Robert se décide à ne plus consulter que les commissionnaires des coins de rues, et guidé par eux, d'une de leurs stations à l'autre, il arrive à la barrière du faubourg. La fatigue le contraint à se reposer là, et là il réfléchit, en buvant un verre de *coco*, que vient lui proposer le marchand.

« Me voilà dans la campagne ; la grande
» route est devant moi, elle conduit à
» Saint-Denis. Mais je vois à droite et à
» gauche un chemin qui file le long des
» murs d'enceinte de la ville. Par où irai-

» je pour les retrouver? Mon pauvre Ed-
» mond, ou es-tu? que fais-tu? que vas-
» tu devenir? Ah! pourquoi t'être enfui
» du collége! »

Un mendiant, qu'il n'avait pas remarqué, était debout, près de lui, appuyé sur son bâton, et son chapeau était à terre devant lui. Un mendiant est, au moins, aussi observateur que les commissionnaires ; celui-ci cherchait à lire sur toutes les figures cet air de bonté qui indique le sou prêt à s'échapper, et à passer dans sa main.

Le mendiant a entendu le monologue de Robert. « Mon jeune Monsieur, vous
» cherchez un écolier, moi, j'en ai vu
» deux. — Deux! deux! dites-vous !... ô
» ciel, est-il possible ? — C'est comme
» j'ai l'honneur de vous le dire. Ils se
» sont mis à genoux là, ils ont prié un
» moment, ce qui m'a paru assez extra-

» ordinaire, et puis ils sont montés à
» côté d'un cocher de *coucou*, qui les a
» sûrement menés à Saint-Denis. —
» Bon homme, vous me rendez un im-
» portant service. Acceptez ce franc; je
» vous donnerais davantage, si j'étais
» plus riche. »

Le mendiant se félicita d'avoir parlé à propos, et Robert monta dans le premier coucou qui passa devant lui. Le voilà aussi dans la petite ville de Saint-Denis. Que fera-t-il à présent?

Il n'y avait qu'un parti à prendre : c'était d'aller trouver le maire, et de s'expliquer avec lui. Robert, très-avancé dans ses études, l'était très-peu dans les usages du monde, et surtout des lois. Il imagina de demander la demeure d'un tambour de ville, et il lui promit les deux francs vingt-cinq centimes qui lui restaient, s'il voulait tambouriner deux écoliers du collége de Louis-le-Grand, qui en étaient sortis furtivement le matin.

Le tambour court chez le maire, pour demander son autorisation. Le maire et ses adjoints étaient à la promenade. Le tambour croit avoir satisfait au règlement de police, et il se met en train de gagner les deux francs vingt-cinq centimes. Robert marchait à côté de lui.

Ils passent devant un café, où notre jeune officier s'amusait avec quelques camarades. Le bruit du tambour fixe toujours l'attention. Ces messieurs s'avançent, regardent et écoutent. « Oh, » oh, dit notre jeune homme, encore un » échappé de collége ! il cherche les deux » autres, sans doute pour courir la pré- » tentaine avec eux. Je vais les réunir. »

Il s'approche de Robert, et lui dit qu'il va le conduire où sont ses deux amis. Robert devient rouge, et haletant de plaisir. Il baise les mains et le bas de l'habit de l'officier, il le suit, en le comblant de bénédictions. Il l'eût suivi en sautant, si sa faiblesse lui eût permis de sauter. Qu'il est heureux! il va revoir son Edmond! il va le presser sur son cœur! mais dans quel état va-t-il le retrouver?

Il entre avec l'officier dans la chambre où les deux amis sont détenus. Couchés dans un mauvais lit, ils donnent un libre cours à leurs larmes; ils montrent à Robert leurs épaules, meurtries par les coups de courroies. Robert s'attendrit à son tour, il les caresse, il les console; il leur parle raison, avec ce ton de persuasion que le mensonge n'imite jamais. L'officier est ébranlé; cependant, il pense qu'un espiègle est adroit : il l'avait été lui-même. Il donne l'ordre au caporal de faire coucher le nouvel arrivé au milieu des autres. Fort heureusement pour Robert, il était trop tard pour qu'on lui donnât une leçon de rataplan.

Un caporal est une machine essentiellement obéissante; en deux tours de mains il a déshabillé Robert, et avec une claque sur les fesses, il l'envoie rouler entre ses camarades.

« Je l'ai toujours dit, s'écria Robert,
» il n'est pas de faute qui n'entraîne
» après elle sa punition : je suis sorti du
» collége sans permission, j'ai menti au
» concierge, afin de pouvoir m'échap-
» per; je mérite mon sort, et je le su-
» birai avec résignation; mais je prends
» le ciel à témoin que je n'avais d'autre
» pensée, mon cher Edmond, que de te
» retrouver, et de te faire rentrer dans
» le devoir. »

Le caporal n'était plus jeune ; il avait fait les dernières guerres, et la bonté est le caractère distinctif des vieux soldats. Robert continuait de parler, et le caporal l'écoutait avec attention. Vaincu enfin par ses raisonnemens sages et affectueux, il essuie une larme qui mouille sa paupière, il prend Robert dans ses bras, il le porte dans son lit : « Tu cou-
» cheras avec moi, lui dit-il ; mais ces
» deux vauriens-là resteront où ils
» sont. »

« Vous êtes bon, lui dit Robert, et
» je m'attendais à être traité aussi dure-
» ment que mes camarades. Mais, Mon-
» sieur, la nuit s'approche, et, depuis
» douze heures, je n'ai rien pris ; je me
» sens prêt à défaillir d'inanition. —
» Tiens, mon brave enfant, tiens. » Et le caporal prend son pain de munition. Il va en couper une tranche. « Non, non,

» pas de pain de munition à un enfant
» qui se sacrifie pour sauver son ami. »
Il coupe un bon croûton du pain blanc
de la soupe, et il dit en soupirant :
« Voilà tout ce que je peux t'offrir. De-
» main matin, je remplacerai ce qui
» manque au pain de la soupe. Mange
» et dors. »

Edmond et Henri furent frappés de la
différence que le caporal établissait entre eux et Robert. « Voilà, chuchotaient-
» ils, les fruits que produisent les bons
» principes. Robert a failli, sans doute ;
» mais c'est par excès d'attachement
» pour moi. M. le proviseur lui pardon-
» nera, mais nous, nous... » Le sommeil, si nécessaire après une journée de
tribulations et de fatigue, vint rafraîchir
les membres de ces trois enfans, et leur
couper la parole. Ils n'entendirent pas
battre la retraite ; ils n'entendirent pas

rentrer dans la chambre les soldats qui la composaient.

Le lendemain de très-bonne heure, l'officier y entra, suivi d'un sergent de ville. Il intima aux trois détenus l'ordre de s'habiller promptement. Pendant qu'ils faisaient leur courte toilette, le caporal tira l'officier à part, et, après un court entretien, celui-ci s'avança vers Robert, d'un air riant, lui prit la main, et lui annonça qu'il retournerait à Paris libre, absolument libre.

Un coucou attendait devant la grille. Le sergent de ville y fait monter les deux coupables, et se place entre eux. Robert monte à côté du cocher, pour qu'on ne doutât pas de la distinction que l'équité avait établie en sa faveur. Encore un mouvement d'orgueil ! Le cocher fouette ; on est sur la route de Paris.

A tous les âges de la vie, l'imagination

se porte en avant; elle crée des chimères brillantes ou gracieuses, qu'elle brûle d'atteindre; elle sommeille ou elle s'alarme, quand elle est forcée de rétrograder, et de rentrer dans le présent, auquel elle a cru échapper. Ainsi, Henri et Edmond croient se régaler avec des fraises, qui leur paraissent assez ordinaires; ainsi, ils espèrent échapper au châtiment qu'ils ont mérité, en sautant par-dessus les murs; ainsi, ils comptent trouver, dans les champs, la liberté, ce bien que nous chérissons tous, et dont on ne jouit presque jamais; ainsi, ils se sont vus maîtres d'école, et gagnant honorablement leur vie. Comment ces illusions se sont-elles dissipées ? Elles ont disparu sous la salutaire banderolle d'un tambour-major, et les petits malheureux ne voient plus dans un avenir, auquel ils touchent déjà, qu'une effrayante réalité, une dégradation infamante, que suivra la perte de l'amitié et de l'estime de leurs camarades, et l'indignation de leurs parens.

Ils pleuraient, et à mesure qu'on approchait de la barrière, leurs sensations devenaient plus cruelles. Le bon Robert tâchait de les consoler; il leur représentait que, quelle que fût la punition qui les attendait, elle serait moins dure que celle qu'ils avaient reçue à Saint-Denis. « Etre dégradés, mon cher Robert!.... » Etre publiquement chassés du col- » lége! » Et à cette idée, leurs sanglots redoublaient; un désespoir, qui pouvait avoir des suites funestes, s'empara enfin de toutes leurs facultés.

Robert, inquiet, désolé, parle au sergent de ville. Il lui représente la nécessité de calmer ces pauvres enfans; il le conjure de ne pas les reconduire au collége, dont le seul aspect peut les jeter dans une crise nouvelle; il le caresse, en le suppliant de les remettre entre les mains de leurs parens.

Ce sergent de ville était un bon homme, marié, père de famille, et quand on a des enfans, on s'intéresse plus ou moins à ceux des autres. L'officier avait marqué à Robert des égards, que ses sentimens justifiaient; son éloquence de douze ans, mais qui partait du cœur, était plus que suffisante pour persuader un homme simple. Robert pleurait; il pleura aussi, et il dit au cocher, d'une voix entrecoupée: «Conduisez-nous rue de Tournon. »

A ces mots, la scène de désolation et d'effroi qui se passait dans la voiture se calma insensiblement. Quel est l'enfant coupable qui ne compte pas un peu sur l'indulgence paternelle? «L'enfant pro-
» digue s'est égaré, dit enfin Edmond.

» Oui, répondit Henri. Il est venu repen-
» tant, se jeter aux pieds de son père......
» — Et son père lui a pardonné. Les vô-
» tres pardonneront aussi, reprit Robert.
» Oui, oui, continua le sergent, ils par-
» donneront, parce que vous êtes bons
» et repentans; » et il les embrassait tous
les deux, et il prenait la main de Robert,
et la pressait affectueusement.

On sent bien qu'au moment où la fuite
des deux enfans fut connue, le proviseur
les envoya réclamer chez leurs parens.
Ils apprirent la faute de leurs fils, sans
savoir où ils les retrouveraient. Une
heure après, le colonel Robert fut averti
que le modèle du collége était également
en fuite. « Il aura affaire à moi, disait le
» vieux soldat. Il sera sévèrement puni,
» reprenait M. Du Perron. Qu'ils revien-
» nent, s'écriaient les deux mères, et on
» verra ce qu'il faudra faire. » Celle de

Henri accourait pour savoir si on avait des nouvelles. Mesdames Robert et Du Perron allaient, de chez elles, au collége. De là elles couraient chez madame Henri. Madame Henri ne sortait plus de son cabriolet. Les trois mères affligées se croisaient souvent, s'interrogeaient des yeux, et un simple mouvement de tête répondait qu'on n'avait rien découvert.

MM. Robert et Du Perron avaient pris le seul moyen qui pût mettre un terme à leur anxiété : ils étaient allés à la préfecture de police. Tous les espions étaient à la recherche des fugitifs ; le préfet en avait envoyé jusqu'aux filets de Saint-Cloud. A la chute du jour, les parens, les valets, les chevaux, étaient excédés de fatigue.

Point de repos, pendant la nuit, pour les malheureuses mères. Si le sommeil les surprenait un moment, des rêves affreux les éveillaient en sursaut; des idées sinistres les tourmentaient, les torturaient ; leur état devenait insoutenable, et leur faisait maudire le jour qui les avait rendues mères. Cruels, ingrats enfans, réfléchissez, avant que de commettre une faute grave; mettez-vous à la place de votre faible mère, et si vous n'avez pas le cœur gâté, vous vous arrêterez au bord du précipice; vous préviendrez les larmes amères que vous alliez faire couler.

Sept heures sonnaient à l'horloge du Luxembourg. Un violent coup de marteau, frappé à la porte cochère de M. Du Perron, fait tressaillir tout le monde. On se regarde, et avant qu'on eût pu prononcer quatre mots, Robert s'élance dans le salon, en s'écriant : « Je les ra- » mène; les voilà, les voilà. » Les deux mères sautent les escaliers ; madame Du Perron presse son fils sur son cœur; madame Robert fait conduire Henri chez sa mère. De quel poids le cœur de M. Du Perron est soulagé! Cependant il tâche de se rendre impénétrable; il regarde son fils d'un air composé, et qu'il croit sévère. Des larmes roulent dans ses yeux.

Le colonel est toujours maître de lui. Il ordonne à son fils, en fronçant ses épais sourcils, de lui raconter ce que tout cela veux dire. Le jeune Robert voudrait répondre; sa mère ne cesse de le couvrir des plus tendres caresses, et parce qu'elle l'a retrouvé, et parce qu'il a ramené Edmond. « Corbleu, madame, s'é-
» crie le colonel, vous aurez le temps
» d'embrasser votre fils; finissez, s'il vous
» plaît, et qu'il parle : je le veux. »

Il était plus simple d'interroger Edmond, qui avait joué un principal rôle dans le drame de la veille. Mais il se tenait serré contre sa mère, les yeux baissés, et retenant son haleine. Tel le jeune poulain cherche un refuge sous la sienne, à l'approche du loup. M. Du Perron n'avait plus rien de menaçant, et Edmond se fut rassuré, s'il eût pu lire dans le cœur de son père.

Le jeune Robert prit la parole, et il appuya sur toutes les circonstances qui pouvaient atténuer la faute de son ami, ou inspirer de l'intérêt. Quand il parla de la protection demandée à Dieu par ces faibles enfans, l'attendrissement se peignit dans tous les yeux. Lorsqu'il raconta comment le jeune officier était intervenu dans cette circonstance, la curiosité succéda à la sensibilité, et l'intérêt alla en augmentant jusqu'à l'entrée des deux fugitifs à la caserne; mais à la leçon du tambour-major, et à la description de la fatale banderolle, madame Du Perron poussa un grand cri; elle déshabilla promptement son fils, et elle arrosa de ses larmes ces épaules noircies par les coups. Edmond, hors de lui, s'écria : « Oui, j'ai été puni cruellement; mais je » l'avais mérité. » A ces mots toute idée de culpabilité s'évanouit. M. Du Perron embrassa son fils à son tour, et le colonel proclama à haute voix le tambour-major un homme féroce. « Je suis sûr » qu'un soldat, qui se complaît à mal-» traiter ainsi deux enfans, n'est qu'un » lâche, qui ne tiendrait pas au feu. »

Tout cela était fort bien; mais une affaire essentielle restait à régler, celle de la rentrée au collége des jeunes déserteurs. On en parla pendant le déjeuner, et le résultat de la discussion fut que le colonel et M. Du Perron se rendraient auprès du proviseur, pour mettre un terme à ses inquiétudes et solliciter son indulgence. Tout père frappe à côté, a dit le bon La Fontaine.

Le proviseur était un homme excellent, mais ferme. Convaincu de la nécessité de maintenir l'ordre dans une maison comme la sienne, il répondit aux instances des deux pères que Robert rentrerait au collége, et qu'il serait légèrement puni, parce que sa faute prouvait la bonté de son cœur, et que, d'ailleurs, c'était la première qu'il commettait. A l'égard de Henri et d'Edmond, il déclara avec fermeté qu'il ne les recevrait plus, et qu'il publierait leur expulsion du collége, parce qu'il fallait un exemple. Il ajouta, cependant, que si le sergent de ville les eût ramenés directement à Louis-le-Grand, il leur eût épargné la dégradation, subie par Auguste Letourneur, parce qu'il établissait entre eux une grande différence. En effet, Henri et Edmond n'étaient que des étourdis, et Auguste était un hypocrite, un astucieux, qui poussait ses camarades à faire le mal, et qui se cachait derrière eux.

M. Du Perron n'avait rien à répliquer aux raisonnemens du proviseur; il lui demanda ce qu'il ferait de son fils. « Je
» suis intimement lié avec le proviseur
» du collége de Henri IV. Je le verrai aujourd'hui. Présentez-lui demain vos
» deux enfans, et je vous réponds qu'ils
» seront reçus. »

Il est très-difficile, quand on s'est fait chasser d'un collége, d'être admis dans un autre, parce que, je l'ai dit, il faut présenter un bon certificat du chef de la maison d'où on sort. Le proviseur de Louis-le-Grand ne pouvait le délivrer en conscience; mais il dit, à celui de

Henri IV, beaucoup plus de bien que de mal de Henri et d'Edmond, et il leur rendait rigoureusement justice. Leur admission fut arrêtée.

Quand Edmond sut qu'il allait être séparé de Robert, il s'affligea vivement. « Robert, dit-il, était mon ami, mon bon
» génie. Qui le remplacera près de moi?
» —Je te rendrai l'ami, répondit Henri,
» et notre bon génie sera le souvenir de
» la banderolle du tambour-major. Plus
» de folies, mon cher Edmond. Soyons
» studieux et soumis. On est toujours
» heureux, quand on est bien avec soi
» et avec les autres. »

Robert rentra le soir même au collége. Le proviseur le remit à l'infirmerie. Là, il lui dit : « Vous avez commis une faute,
» que son motif, j'en conviens, rend,
» jusqu'à certain point, excusable. Je
» n'ajouterai rien à ce que vous avez dû

» vous dire à vous-même. Cependant
» toute faute doit être punie. Je vous
» prive rigoureusement de papier, plu-
» mes et livres, jusqu'à l'entier retour de
» vos forces. » Bien peu d'écoliers méritent d'être aussi honorablement traités.

L'homme naît avec le sentiment intime du juste et de l'injuste. L'enfant le conserve pur jusqu'à l'époque où, lancé dans le monde, les passions et surtout l'égoïsme l'altèrent plus ou moins, et quelquefois l'anéantissent tout-à-fait. Tous les élèves de Louis-le-Grand applaudirent à la conduite du proviseur envers Robert, Edmond et Henri.

FIN DU PREMIER VOLUME.

Romans de Pigault-Lebrun.

LA SAINTE LIGUE, ou **LA MOUCHE**, pour faire suite aux Annales du fanatisme, de la superstition et de l'hypocrisie, par Pigault-Lebrun, 6 vol. in-12. Prix : 9 fr.
LES BARONS DE FELSHEIM. 4 vol.   6 fr.
ANGÉLIQUE ET JEANNETON. 2 vol.   3 fr.
MON ONCLE THOMAS. 4 vol.   6 fr.
CENT VINGT JOURS, contenant : Théodore ou les Péruviens, M. Kinglin, Métusko, Adèle, Dabligny. 4 vol. fig.   6 fr.
LA FOLIE ESPAGNOLE, 4 vol.   6 fr.
M. DE ROBERVILLE. 4 vol.   6 fr.
M. BOTTE. 4 vol.   6 fr.
LE CITATEUR. 2 vol.   3 fr.
ENFANT (l') DU CARNAVAL. 3 vol. 4 fr. 50 c.
JÉROME. 4 vol.   6 fr.
THÉATRE ET POÉSIES. 6 vol.   9 fr.
LA FAMILLE DE LUCEVAL. 4 vol.   6 fr.
L'HOMME A PROJETS. 4 vol.   6 fr.
UNE MACÉDOINE. 4 vol.   6 fr.
TABLEAUX DE SOCIÉTÉ. 4 vol.   6 fr.
ADÉLAIDE DE MÉRAN. 4 vol.   6 fr.
MÉLANGES CRITIQUES ET LITTÉRAIRES. 2 vol.   3 fr.
LE GARÇON SANS-SOUCI. 2 vol. fig.   3 fr.
L'OFFICIEUX, ou **LES PRÉSENS DES NOCES.** 2 vol.   3 fr.
L'ÉGOISME, ou **NOUS LE SOMMES TOUS.** 2 vol.   3 fr.
M. MARTIN, ou **L'OBSERVATEUR**, 2 vol. 3 fr.
LE BEAU-PÈRE ET LE GENDRE. 2 vol. 3 fr.

Imprimerie de COSSON, rue Saint-Germain-des-Prés, n° 9.

www.ingramcontent.com/pod-product-compliance
Lightning Source LLC
Chambersburg PA
CBHW051901160426
43198CB00012B/1705